Frank Muchlinsky

Überzeugend
evangelisch

Frank Muchlinsky

Überzeugend *evangelisch*

Vorbilder fürs Leben

edition chrismon

Inhalt

Evangelisch wie …
Finde es heraus!

Evangelisch sein kann man auf ganz unterschiedliche Art und Weise. In den 500 Jahren des Protestantismus haben sich Schwerpunkte entwickelt, die man
als „typisch evangelisch" bezeichnen könnte: Bildung,
Musik, Frömmigkeit, Verantwortung, Toleranz und
Humor prägen den Protestantismus, aber auch Regeln,
Arbeit und Gewissen. Immer wieder sind evangelische
Persönlichkeiten aufgetreten, die beispielhaft für den
einen oder anderen „typisch evangelischen" Schwerpunkt stehen.

Im Internet lädt der „Protestant-O-Mat" dazu ein,
sich mit 22 Fragen zu beschäftigen, die zu diesem
Schwerpunkt hinführen – und zu den Persönlichkeiten,
die beispielhaft für solche protestantischen Themen
stehen. Die Fragen sind dabei einfach gestellt, auch
wenn es manchmal schwerfällt, sich für eine Antwort
zu entscheiden. Doch wer sich durch die Fragen im Netz
hindurchklickt, bekommt am Ende verraten, welcher
evangelischen Persönlichkeit man am nächsten ist.

Der Protestant-O-Mat ist ausgesprochen beliebt und
wird viel genutzt: privat, im Konfirmandenunterricht
oder in der Schule. Es ist spannend, sich den verschie-

denen Fragen zu stellen und zu schauen, wem man am Ende wohl am ehesten gleicht. Häufig möchte man dann gern mehr über diese Person wissen, mit der man die meisten Übereinstimmungen hat. Dafür haben wir dieses Buch verfasst. Es enthält kurze Biografien 15 protestantischer Persönlichkeiten. Sie gehen vor allem der Frage nach, was diese Personen nun zu „überzeugend evangelischen" Menschen macht. Außerdem verraten wir, warum der Protestant-O-Mat ausgerechnet diese 22 Fragen stellt. Jede Frage wird erläutert, und es wird geschaut, welche der evangelischen Persönlichkeiten dazu wohl eine besonders klare Meinung gehabt hätte. So ist das Buch ein Streifzug durch viele Themen und Perioden des Protestantismus: Es geht um Widerstand, um Ökumene, um Aufklärung und die Gleichberechtigung von Frauen und Männern.

Immer geht es in diesem Buch – wie beim Protestant-O-Mat selbst – darum, sich selbst anzuschauen und sich zu fragen, wie man wohl in verschiedenen Situationen reagieren würde oder welche Haltung man zu bestimmten Themen hat. Die 15 protestantischen Persönlichkeiten helfen dabei und geben interessante Antworten.

Man kann dieses Buch vor der Benutzung des Protestant-O-Mat lesen, danach oder – das ist meine Empfehlung – währenddessen. Man kreuzt beim Lesen im Buch an, wie man auf die einzelnen Fragen antworten möchte und überträgt anschließend die Antworten im Internet in den Protestant-O-Mat. Auf diese

Weise erhält man ein Ergebnis, das dem eigenen Glauben und Denken besonders nah ist. Ich wünsche viel Vergnügen auf dieser Expedition!

Viele Vorbilder in diesem Buch werden von meinen Kolleginnen und Kollegen vorgestellt. Ich bin sehr dankbar für ihre Beiträge. Sie machen das Buch so bunt und vielfältig wie die evangelische Kirche selbst. Danke also an Markus Bechtold, Lilith Becker, Jörg Echtler, Friederike Erichsen-Wendt, Franziska Fink, Claudius Grigat, Anne Kampf und Birgit Mattausch.

Frank Muchlinsky

www.protestantomat.de

Der Protestant-O-Mat ist ein kostenloses Angebot des Internetportals evangelisch.de.

evangelisch.de ist ein Produkt des Gemeinschaftswerks der Evangelischen Publizistik.

Was können Ihrer Meinung nach *Frauen generell besser als Männer?*

- ◯ Organisieren.

- ◯ Kinder erziehen.

- ◯ Leid ertragen.

- ◯ Nichts davon. Das ist keine Frage des Geschlechts.

Die Unterscheidung zwischen männlich und weiblich gehört zum Menschsein von Anfang an dazu. Das steht zumindest so in der Bibel. Gott schuf den Menschen als Mann und Frau (1. Mose 1). Mann und Frau erkennen, dass sie nackt sind, sehen anscheinend ihre Unterschiede und schämen sich (1. Mose 3). *Kaum haben die Menschen den Unterschied zwischen Mann und Frau erkannt, werden beiden Rollen und Aufgaben zugeschrieben: Männer müssen „im Schweiße ihres Angesichts arbeiten" und Frauen „unter Schmerzen Kinder gebären"* (1. Mose 3). So geht es weiter in der Bibel: Männer sind gewalttätig (1. Mose 4), Frauen verdrehen Männern den Kopf (1. Mose 12). Die Bibel lässt nichts aus, was das Leben bereithält. So wird auch die Rolle immer deutlicher, die die biblischen Texte Frauen zuschreiben. Der innere Kreis um Jesus besteht vorwiegend aus Männern, und im ersten Brief des Paulus an die Korinther steht der denkwürdige Satz, Frauen sollen in der Gemeindeversammlung schweigen (1. Korinther 14,34).

Kirche und Christentum haben dieses Frauenbild ausgesprochen lange weitergereicht. Frauen hatten vor

allem Aufgaben zu erfüllen, die sich aus ihrer biologischen Fähigkeit ableiteten, Kinder zu kriegen. Die Reformation änderte lange Zeit nichts daran, dass Frauen nicht Pfarrerinnen werden durften. *Erst über 400 Jahre nach der Reformation wurde die erste Frau zur Pfarrerin ordiniert.* Aber auch bis dahin gab es viele protestantische Frauen, die sich sehr wohlfühlten in der Rolle, die ihnen ihr Glaube und die Gesellschaft zusprachen. **Aemilie Juliane von Schwarzburg-Rudolstadt** zum Beispiel war eine Gräfin, die um 1700 herum lebte und der es bestimmt nicht eingefallen wäre, ihren Mann in Erziehungsurlaub zu schicken, damit sie die Geschäfte führen kann. Sie war aber ausgesprochen bedacht darauf, dass sie selbst und die Frauen in ihrer Umgebung eine ausgesprochen gute Bildung bekamen. Sie wollte diejenigen widerlegen, die meinten, dass „Weibsbilder zum Studieren keineswegs tüchtig seinen". Wie hätte sie wohl die Frage danach beantwortet, was Frauen besser können als Männer?

Mehr zu
Aemilie
Julianes Leben
ab Seite 96

Oft haben sich Frauen als ausgesprochene Organisationstalente einen Namen gemacht. Häufig war es vor allem der eigene Haushalt, den sie mit Geschick führten, wie bei Katharina von Bora, ohne deren Umsicht Martin Luther wohl frühzeitig bankrott gewesen wäre. Es konnte aber auch vorkommen, dass eine Frau ein ganzes Weltreich zu führen und zu organisieren hatte, wie **Elisabeth I. von England** im 16. Jahrhundert. Elisabeth machte England endgültig zu einem protestantischen Land und führte es in den Krieg gegen das

Mehr zu
Elisabeths
Herrschaft
ab Seite 202

katholische Spanien. Kinder bekam sie nie. Ihr Spitzname „The Virgin Queen" (die jungfräuliche Königin) macht deutlich, wie ungewöhnlich dieser Entschluss war.

Kann es möglich sein, dass Frauen dieselben Rechte haben wie Männer? Dürfen sie wählen, sich wählen lassen, dürfen sie dieselben Berufe ausüben wie Männer? Dürfen sie überhaupt arbeiten gehen ohne die Erlaubnis ihres Mannes? Dürfen sie gar Pfarrerinnen werden oder Ministerin? All diese Fragen wurden in Deutschland erst im 20. Jahrhundert zugunsten der Frauen entschieden. Die erste Ministerin einer deutschen Bundesregierung war **Elisabeth Schwarzhaupt**. Sie war eine gläubige evangelische Christin und Mitglied der CDU. Für sie war klar, dass Männer und Frauen vor dem Gesetz in jedem Fall gleich zu behandeln sind. Ob sie der Meinung war, dass es Dinge gibt, die Frauen besser können als Männer? Vielleicht hätte sie gesagt, dass Fähigkeiten nicht an das Geschlecht gebunden sind, ebenso wenig wie Ämter.

Mehr zu
Elisabeth
Schwarzhaupts
Kampf für
Gleichberech-
tigung
ab Seite 138

Die evangelische Kirche brauchte Jahrhunderte, bis man sich entschloss, die Bibel so zu verstehen, dass Männer keine anderen Rechte haben als Frauen: Gott hat die Menschen zwar unterschiedlich geschaffen, aber ihr Geschlecht sagt nichts darüber aus, was sie im Leben dürfen und was nicht. Die Debatte darüber, was Frauen von Männern unterscheidet, die Diskussion darüber, was Frauen vielleicht besser können als Männer, ist immer noch im Gang.

Charlotte Brontë
(1816 – 1855)

Der berühmteste Roman der viktorianischen Schriftstellerin
ist „Jane Eyre". Brontë legte ihrer gleichnamigen Roman-
heldin viele feministische und nach damaligem Verständnis
sogar unchristliche Worte in den Mund – zu ihrer Zeit
ein Skandal.

„Gott hat mir mein Leben nicht gegeben, dass ich es fortwerfe."

Die Menschen in Yorkshire sind so rau wie die Landschaft der Hochmoore, in der sie leben: „Ihr Gruß ist knapp, ihre Gefühle nicht leicht zu wecken", so urteilte die Schriftstellerin Elizabeth Gaskell – Zeitgenossin, Freundin und Biografin von Charlotte Brontë. Und doch gediehen hier das literarische Talent und die blühende Fantasie der Brontë-Schwestern, die einige der bedeutsamsten Romane des 19. Jahrhunderts schrieben.

Charlotte Brontë wuchs mit ihren Geschwistern in einem Pfarrhaus in Yorkshire auf. Ihr Vater Patrick stammte aus einer Bauernfamilie in Irland, ein Stipendium ermöglichte ihm jedoch ein Theologiestudium in Cambridge. Schließlich wurde er Pastor in dem kleinen Dorf Haworth in Yorkshire. Es war kein einfaches

Leben im Norden Englands: Offene Kanalisation, vom Friedhof verseuchtes Trinkwasser, im Pfarrhaus selbst waren die Wände feucht.

Mutter Maria kam aus einem methodistischen Elternhaus und wuchs inmitten einer großen, liebevollen Familie in einer südenglischen Kleinstadt auf. Die Briefe der Mutter aus ihrer Verlobungszeit mit Pastor Patrick sind der Nachwelt bis heute erhalten. Briefe voller Wärme und Witz, die eine intelligente, charakterstarke Frau zeigen, die offen ihre Gefühle aussprach und gleichzeitig selbstbewusst ihre religiösen Ansichten vertrat. Ein erster Hinweis auf den Eigensinn und die literarische Begabung ihrer Kinder? Inwieweit Mutter Maria die Brontë-Schwestern tatsächlich beeinflusste, ist nicht überliefert, denn Maria starb früh und hinterließ sechs Kinder: Ihre jüngste Tochter Anne war gerade einmal 20 Monate, Charlotte war fünf Jahre alt.

Die Geschwister wuchsen in der Abgeschiedenheit der Heidelandschaft von Yorkshire auf und lebten relativ einfach. Der Vater war bemüht, den Wissensdurst seiner Kinder zu stillen: Er hatte stets die wichtigsten Zeitschriften abonniert und seine Bibliothek, deren Grundstein er in Cambridge gelegt hatte und auf die er sehr stolz war, vergrößerte sich ständig. *Im Pfarrhaus der Brontës war man bestens informiert und es wurde viel diskutiert.*

Um ihre Bildung zu komplettieren, schickte Patrick seine vier ältesten Töchter auf ein Internat. Dort muss es schrecklich gewesen sein: Kälte, Hunger und eine lieblose Umgebung setzten den Schwestern zu, schließlich starben die beiden ältesten kurz hintereinander an Tuberkulose. Pastor Patrick nahm daraufhin Charlotte und ihre Schwester Emily schnell von der Schule. Wieder zu Hause zog sich Charlotte zusammen mit ihren zwei jüngeren Schwestern Emily und Anne sowie ihrem Bruder Branwall in eine literarische Fantasiewelt zurück: Die Brontë-Kinder lasen viel und schrieben Abenteuergeschichten, die in den von ihnen erfundenen Königreichen „Angria" und „Gondal" spielten.

> *Dankbarkeit ist ein göttliches Gefühl, sie erfüllet das Herz, aber nicht bis zum Zerspringen, sie erwärmt es, aber nicht bis zum Fieber wie andere Gefühle.*

Nach einem erneuten Aufenthalt in einer besseren, aber auch wesentlich teureren Schule wollte Charlotte endlich selbst zum Lebensunterhalt der Familie beitragen. Mit Anfang 20 begann sie, als Gouvernante zu arbeiten. Es war die erste Stelle in einer Reihe von vielen: Sie hielt es immer nur kurze Zeit in den Familien aus: Die Arbeit war ermüdend und die Anerkennung gering.

Einer ihrer Schüler warf ihr bei einer Auseinandersetzung sogar eine Bibel an den Kopf – eine Szene, die sie später im Eröffnungskapitel ihres bekanntesten Romans, „Jane Eyre", aufgriff. Auch ihre Schwestern verdienten sich ihren Unterhalt als Lehrerinnen und Gouvernanten anderswo. Und doch fand die ganze Familie immer wieder in dem Pfarrhaus in Haworth zusammen, das Heimweh war einfach zu stark. Dort arbeiteten die Schwestern unermüdlich weiter an ihren Gedichten und Geschichten. Im Jahr 1846 war es schließlich soweit: Die drei Schwestern veröffentlichten unter den männlichen Pseudonymen Currer, Ellis und Acton Bell ihren ersten Gedichtband, der ein kleiner Kritikererfolg wurde. Die Verkaufszahlen blieben jedoch bescheiden: Nur drei Exemplare gingen über den Ladentisch. Doch ein Jahr später kam der literarische Durchbruch für alle drei Schwestern, die ihre Romandebüts wieder unter ihren männlichen Pseudonymen veröffentlichten. Trotz dieser Vorsichtsmaßnahme sorgten Charlottes „Jane Eyre", Emilys „Sturmhöhe" und Annes „Agnes Grey" für Aufruhr: Die selbstbewussten, weiblichen Hauptfiguren schienen so gar nicht in ihre Zeit zu passen.

„Jane Eyre", die Geschichte einer Gouvernante, die um ihre Selbstbestimmung kämpft und einige moralische Prüfungen bestehen muss, wurde innerhalb kurzer Zeit sogar zum Bestseller. *Ich bin kein Vogel, und kein Netz und kein Vogelsteller vermag mich zu fangen. Ich bin ein freies, menschliches Wesen mit einem unabhängigen Willen, und jetzt mache ich denselben geltend, indem ich Sie verlasse"*, sagt Jane Eyre, die eigenwillige Hauptfigur, zu ihrem Arbeitgeber, dem reichen und exzentrischen Mr. Rochester. Wie kam eine Schriftstellerin im viktorianischen Zeitalter dazu, ihrer Heldin solche feministischen und für manche ihrer damaligen Kritiker sogar unchristlichen Worte in den Mund zu legen? Charlotte betont in ihrem Roman die Gleichberechtigung von Mann und Frau, zudem geht es in der Geschichte vor allem um die moralische Entwicklung der Protagonistin. Im religiösen Sinne steht die Protestantin Charlotte Brontë für einen Glauben, der sich zwar an Traditionen orientiert, diese aber durchaus weiten oder gar sprengen kann – so lange Gott und die Liebe die Maßstäbe bleiben.

Das gilt auch für ihre berühmte Titelheldin Jane Eyre. Sie lehnt zwei Heiratsanträge ab: Zum einen das Angebot einer unmoralischen, wilden Ehe mit ihrem Arbeitgeber Mr. Rochester, den sie liebt, aber der sich als bereits verheiratet herausstellt. Und auch eine lieblose Ehe mit dem strengen Pfarrer St. John schlägt sie aus: Er will sie nur heiraten, weil sie eine gute Pfarrersfrau abgeben würde. Eine Ehe ohne Liebe kommt für Jane aber nicht infrage. Und zwar nicht nur aus persönlicher Sicht, sondern auch aus moralischen Gründen: Liebe und Mitgefühl sind für Jane Eyre wesentlich für eine christliche Lebensweise.

Genau das ist tatsächlich auch der Standpunkt von Charlotte Brontë: Sie lehnte mit 23 Jahren aus den gleichen Gründen den Heiratsantrag eines Pastors ab – im Wissen darum, dass dies wahrscheinlich ihre einzige Chance auf eine Ehe und damit ein versorgtes Leben bleiben würde.

Zurück zu Jane Eyre: Im Laufe des Romans entwickelt sie einen eigenen Moralkodex, der von christlicher Lehre, Liebe und Mitgefühl geprägt ist. Nur so kann sie am Ende dem mittlerweile verwitweten und vom Leben gezeichneten Mr. Rochester als ebenbürtig gegenübertreten und ihr persönliches Glück finden.

> *Festhalten am Herkömmlichen ist nicht sittliches Verhalten. Selbstgerechtigkeit ist nicht Frömmigkeit. Erstere schmähen heißt nicht Letztere anfechten.*

Als bekannt wurde, dass eine Frau den Roman geschrieben hatte, war das Staunen groß – und Kritik wurde laut: Wie kann die Titelheldin nur auf einem selbstbestimmten Leben beharren, sich den Männern widersetzen, sogar Pfarrer als scheinheilig entlarven? War das nicht moralische Verblendung? Aber da war das Buch schon längst ein großer Erfolg. Und wieder ist es Charlottes berühmte Heldin, die die richtige Antwort weiß: „Gott hat mir mein Leben nicht gegeben, dass ich es fortwerfe."

Charlotte selbst war nach ihrem großen literarischen Wurf mit tragischen Ereignissen konfrontiert: Innerhalb eines Jahres verlor sie ihre beiden Schwestern und ihren Bruder. Doch sie schrieb weiter, reiste zu literarischen Salons nach London – und heiratete Arthur Bell Nicholls, den Hilfspfarrer ihres Vaters. In dieser Ehe fand sie mit Ende dreißig doch noch Glück und Geborgenheit. Charlotte Brontë hatte nicht mehr damit gerechnet hatte. Das Eheglück währte nur kurz: Neun Monate nach der Hochzeit starb die schwangere Charlotte, und mit ihr starb das ungeborene Kind. Ihr Ehemann Arthur aber blieb noch sechs Jahre als Hilfspfarrer in Haworth bei ihrem Vater Patrick – bis zu dessen Tod.   *Franziska Fink*

Frage 2

Bildung kostet Geld.
Wer bräuchte dringend deutlich mehr?

○ Familien.

○ Kindertagesstätten.

○ Schulen.

○ Theater.

○ Hochschulen.

○ Es wird genug für Bildung ausgegeben.

Die Geschichte der Reformation und der evangelischen Kirche ist auch eine Geschichte der Bildung. Die
Grundidee dabei war und ist: Wenn jeder Mensch
seinem eigenen Gewissen verpflichtet ist, wenn es keine
Autoritäten geben soll, die einem den Glauben endgültig erklären und dann sagen, was man zu tun und
was zu lassen hat, dann muss man auch selbst in der
Lage sein nachzulesen, was denn die Bibel selbst sagt.
Es muss Bibeln in der eigenen Muttersprache geben,
und man muss geschult sein, sie lesen zu können. *Man
muss gelernt haben, logisch zu denken, damit nicht
Autoritäten mir einen Bären aufbinden können. Darum begannen die Reformatoren sofort damit, selbst
Unterricht zu geben und Schulen einzurichten.*
Allerdings kann man nicht nur in der Schule etwas
lernen, sondern auch an anderen Orten. Nach evange-
lischem Verständnis ist Bildung viel mehr als das Sam-
meln von Wissen und Fertigkeiten. Letzendlich soll
Bildung Menschen dabei helfen, das zu werden, wozu
Gott sie geschaffen hat: ein Ebenbild Gottes. Mit ande-
ren Worten: Bildung soll die Entwicklung des ganzen
Menschen fördern. Es geht darum, sich selbst ebenso

verstehen zu lernen wie die Welt, in der wir leben. Bildung bedeutet, ebenso nach dem Sinn der Dinge zu fragen wie danach, wie die Welt funktioniert. Bildung bedeutet, Kompetenzen im Umgang miteinander zu erwerben. *Die Schule ist nur ein Ort unter vielen, an denen Bildung stattfindet.* Gerade bei der Frage, wer für die Erziehung von Kindern sorgen solle, war die evangelische Kirche lange Zeit klar der Meinung, dass kleine Kinder nirgends besser aufgehoben seien als in der eigenen Familie. Immer noch gilt die Familie nicht nur als Ort der Geborgenheit, sondern auch als ein wichtiger Bildungsort.

Darum ist die Frage, wer mehr Geld für Bildung bekommen sollte, eigentlich eine Frage danach, wo man seinen persönlichen Schwerpunkt setzt. Der Hamburger Pastor **Johann Hinrich Wichern** schuf am Ende des 19. Jahrhunderts einen Ort für verwahrloste Kinder, also für Kinder, die von Prostitution oder Kriminalität lebten. Im sogenannten „Rauhen Haus" konnten sie wie in einem Familienverband leben. Sie bekamen die Geborgenheit und Fürsorge, die sie brauchten, und eine Schulbildung, die es ihnen ermöglichte, später Berufe zu ergreifen und auf eigenen Füßen zu stehen. Bildung war für Wichern der Schlüssel zu einem besseren Leben.

Auch Hochschulen sind für die evangelische Kirche ausgesprochen wichtig. Schon die Tatsache, dass die Reformation in Wittenberg und in einer Universität stattfand, hat dafür gesorgt, dass in Deutschland angehende Pfarrerinnen und Pfarrer immer noch selbst-

Mehr zum Erziehungskonzept von Johann Hinrich Wichern ab Seite 84

verständlich ein Studium der Theologie an einer Hochschule absolvieren müssen.

Mehr zu Johann Sebastian Bachs Verständnis von Musik und Bildung ab Seite 112

Die Kunst trägt ebenfalls zur Bildung bei. Nicht zuletzt die Musik war immer schon ein entscheidender Teil, nicht nur der Bildung, sondern der christlichen Verkündigung selbst. Komponisten wie **Johann Sebastian Bach** haben mit ihrem Werk einen großen Beitrag zur Verkündigung geleistet – so wie der Buchdruck zur Verbreitung der Lutherbibel. Auch das Theater ist ein Bildungsort. In England entstand in der Zeit **Elisabeths I.** ein so reges Theaterleben, dass es bis heute berühmt ist. An neu gebauten Theatern gab es zum erstem Mal seit tausend Jahren wieder festangestellte Schauspieler. Hier wurden Klassiker der griechischen Antike ebenso gespielt wie brandneue Werke von William Shakespeare. *Die Theater waren für alle offen und trugen so auch zur Bildung aller bei. Zu dieser Zeit gab es in England einen großen Bildungsschub.*

Mehr über England zur Zeit Elisabeths I. ab Seite 202

Die evangelische Kirche setzt sich weiterhin an den unterschiedlichsten Orten für Bildung ein. Sie arbeitet dabei häufig eng mit staatlichen Einrichtungen zusammen. Wenn die finanziellen Möglichkeiten geringer werden, stellt sich natürlich dringender die Frage, wohin die Mittel gehen sollen. Gebraucht werden sie überall.

Sie haben einen wichtigen Termin vergessen.
Wie gehen Sie damit um?

- ○ Ich lache darüber.
- ○ Ich bitte ausführlich um Entschuldigung.
- ○ Ich mach gleich einen neuen Termin.
- ○ Ich bin lange zerknirscht.

Die evangelische Kirche hat das Gewissen zwar nicht erfunden, aber man könnte sagen: Sie hat es „perfektioniert". Die Reformation begann mit einer Gewissensfrage. Luther hatte festgestellt, dass er – was immer er unternehmen würde – es niemals schaffen würde, alles immer richtig und in Gottes Sinne zu tun. Schlimmer noch: Ihm war klar, dass sein schlechtes Gewissen ihn deswegen so sehr bedrücken würde, dass er früher oder später verrückt werden würde. Wie bekommt man einen Gott, der barmherzig ist? Es ist nötig, zu bereuen und möglichst wiedergutzumachen, was man falsch gemacht hat. Aber reicht das? Was ist, wenn Gott am Ende immer noch sagt: „Es reicht nicht"? *Luther kam zu dem Schluss, dass Gott von keinem Menschen erwartet, schuldlos zu leben oder durch Buße wieder schuldlos zu werden. Alles, was es braucht, so Luther, alles, was ein Mensch Gott wirklich entgegenbringen kann, ist der Glaube.*

Und wenn man etwas getan hat, was andere in Schwierigkeiten bringt? Wie geht man mit einem schlechten Gewissen um? Man kann lächelnd darüber hinweggehen und sich eingestehen, dass man eben

Mehr zu
Richard von
Weizsäckers
Umgang
mit Schuld
ab Seite 126

Mehr zur
Theologie von
Dorothee Sölle
ab Seite 176

nicht vollkommen ist. Doch wenn die Konsequenzen des eigenen Handelns gravierend sind, wird das auch immer schwerer. Dann kann man es machen, wie **Richard von Weizsäcker** es als Bundespräsident tat. Er bekannte 1985 anlässlich des vierzigsten Jahrestages des Kriegsendes die Schuld seines Landes und seiner Generation an den Verbrechen der Nazizeit und des Krieges. Das Gewissen kann einen dazu bringen, offen einzugestehen, was man falsch gemacht hat. So kann es zur Versöhnung kommen.

Man kann sich auch wie die Theologin Dorothee Sölle fragen, ob nicht die gesamte Art und Weise, wie wir leben und denken, falsch ist. *Haben wir uns Gott vielleicht immer falsch vorgestellt, weil wir der Ansicht waren, Gott wäre allmächtig? Haben wir nicht in Jesus gesehen, dass Gott ganz ohnmächtig ist?* Klagt uns Gott darum an, weil er bei denen ist, die wir unterdrücken? War Gott nicht einer von denen, die in die Gaskammern getrieben wurden? Vielleicht muss man wirklich alles infrage stellen. Das Gewissen kann auch dazu antreiben, etwas zu ändern am Leid in der Welt. Wie **Dorothee Sölle** es getan hat.

Wie Menschen reagieren, wenn sie kleine Fehler machen, ist häufig auch ein Zeichen dafür, wie sie mit ihrem Gewissen umgehen. Wie genau hören sie hin? Gehen sie über den Fehler hinweg oder versuchen sie, möglichst schnell, die Sache in Ordnung zu bringen? Oder kommt es ihnen vor allem auf die Beziehung an, die durch den Fehler belastet wurde? Wie schnell sind sie bereit, sich selbst zu verzeihen? All das sind Beispiele dafür, wie unterschiedlich man mit seinem Gewissen umgehen kann.

Im Protestantismus ist das Gewissen die entscheidende Instanz für das richtige Handeln. Kaum jemand hat das so auf den Punkt gebracht wie **Immanuel Kant**. Von ihm stammt der berühmte „kategorische Imperativ", der sagt: *Die Maßstäbe, nach denen man handelt, sollten grundsätzlich solche sein, die man zu einem allgemeingültigen Gesetz machen könnte.* Auch wenn dieser Satz umständlich klingt, so kann man sich doch ausmalen, was er bedeutet: Wenn jemand sagt „man muss manchmal seine Ellenbogen benutzen", dann müsste nach Kants kategorischem Imperativ dieser Mensch damit einverstanden sein, dass man diesen Grundsatz zu einem Gesetz macht, das den Einsatz von Ellenbogen erlaubt. Oder jemand anderes handelt nach der Maxime: „Jeder ist sich selbst der Nächste." Dann müsste er damit einverstanden sein, dass jeder Mensch für die eigene Krankheit vorsorgt, bei Arbeitslosigkeit kein Geld erhält, oder dass man seine eigenen Straßen baut, auf denen man fährt.

Mehr zu Immanuel Kant und seinem kategorischen Imperativ ab Seite 68

Zum Glück werden aus solchen persönlichen Maßstäben keine allgemeingültigen Regeln. Aber nach evangelischem Verständnis soll man sich eben nicht nur nach Normen richten, sondern nach dem eigenen Gewissen. Das Gewissen ist so bedeutend, dass es, wenn es zwischen ihm und anderen Instanzen zum Konflikt kommt, das letzte Wort haben sollte.

Albert Schweitzer
(1875 – 1965)

„Ich bin Leben, das leben will, inmitten von Leben, das leben will." Der Theologe, Ethiker und Mediziner Albert Schweitzer macht Ernst mit seiner Vorstellung von einer Kirche, die sich den gesellschaftlichen Herausforderungen ihrer Zeit stellt.

„ Wo Licht im Menschen ist, scheint es aus ihm heraus. "

90 Prozent Luftfeuchtigkeit, die Klamotten kleben Tag und Nacht am Körper. Es raschelt und rauscht, zwitschert und zirpt. Unentwegt. Mitten in diesem dauerhaft feuchten und immer lauten Dschungel im französischen Kongo erreichen Albert und Helene Schweitzer mit ihren 70 Kisten Ausrüstung ihre erste Unterkunft: einen ehemaligen Hühnerstall. Es sei wie in einem Gefängnis, dieses dunkelgrüne Blätterdach, die stickige Luft und der Lärm, soll Schweitzer einmal über diesen Ort sagen. Doch die Umstände halten ihn nicht ab. Er packt sein Harmonium aus, sein Kofferklavier, und krempelt die Ärmel hoch. Er hat gespart für diese Reise, für dieses Krankenhaus, das er im Auftrag der evangelischen Pariser Missionsgesellschaft nun mit eigenen Händen aufbaut. Es ist das Jahr 1913. Albert Schweitzer ist 38 Jahre alt.

Mit Disziplin und Ordnung bewahrt er sich sein Denken und seine westeuropäischen Gewohnheiten. Er baut eine Kirche in seinem Urwaldhospital. Zwischen dem Kreischen der Affen läuten nun morgens und abends die Kirchenglocken. Wenn es dunkel wird, mischt sich Schweitzers Harmonium in die Geräuschkulisse. Neben seiner Arbeit als Arzt probt er für seine regelmäßigen Konzert- und Vortragsreisen nach Europa. Von dort kommt der überwiegende Teil des Geldes für Schweitzers Spital, für das er selbst unermüdlich bis zuletzt geworben hat. Die räumliche Isolation ignoriert Schweitzer mit all seiner Kraft: im Dschungel von Lambaréné entstehen seine Forschungen zu Tropenkrankheiten, zu biblischen und musikwissenschaftlichen Themen, wie etwa der fachkundigen Restaurierung von Orgeln. Wochenlang reisen seine Briefe und Arbeiten über Flüsse, quer durch den Dschungel und über den Ozean. In Europa angekommen, werden seine Gedanken zum Wissen eines Millionenpublikums.

Schweitzer hat vor 1913 eine Zeit erlebt, in der der deutsche Kaiser den Briten weltweit die Seeherrschaft streitig machen wollte, die russische Revolution bevorstand und in der Kritik am Kolonialismus laut wurde: Die Gräuel, die die belgischen Kautschukpflanzer an der Bevölkerung im Kongo begehen, führen zu einer weltweiten Bürgerinitiative für einen menschlichen Umgang mit den Kolonisierten. In Schweitzer wächst der Wunsch, für die Menschen in Afrika zu sorgen: *„Was wir ihnen Gutes erweisen, ist nicht Wohltat, sondern Sühne. Für jeden, der Leid verbreitete, muss einer hinausgehen, der Hilfe bringt."*

20 Jahre ist er alt, als er schwört, bis zum 30. Lebensjahr für die Kunst und die Wissenschaft zu leben und von da an sein Leben einem unmittelbaren menschlichen Dienen zu widmen. Schweitzer hat seinen Plan durchgezogen: Er studierte evangelische Theologie und Orgelmusik in Straßburg und Paris, wurde Doktor der Philosophie und legte noch ein siebenjähriges Medizinstudium in Lüttich obendrauf.

> *Für jeden, der Leid verbreitete, muss einer hinausgehen, der Hilfe bringt.*

Aufgewachsen ist Schweitzer in einem protestantischen Pfarrhaus in Kaysersberg im Elsass. Mit französischer und deutscher Kultur und Sprache wächst er gleichermaßen auf. Als Dozent für das Neue Testament lehrt er bis 1912 zehn Jahre lang an der Straßburger Universität. In seinem Buch „Die Geschichte der Leben-Jesu-Forschung" leitet er her, dass eine Nachfolge Jesu sich stets an Jesu Botschaft der Versöhnung Gottes mit den

Menschen und damit der Menschen untereinander orientieren soll. Seine These, dass bereits Jesus das nahe Ende der Welt erwartet habe und die Kirche entstanden sei, weil das Weltende ausgeblieben war, brachte ihm sowohl wissenschaftlichen Ruhm, wie auch Feinde in der Kirche.

Doch Schweitzer störte sich nicht an anderen Ansichten. Er war überzeugt, dass das Wissen den Menschen ihre Grenzen aufzeige, das Denken und der Glaube jedoch unendlich seien. Schweitzer begann nach dem Ausbruch des Ersten Weltkrieges an seinem ethischen Hauptwerk „Kultur und Ethik" zu schreiben. Darin versucht er herauszufinden, wie Religion den Menschen zivilisieren kann. Er bezeichnet die Religion als stark, die in ihrer jeweiligen Zeit den Menschen eine Kraftquelle moralischer Erneuerung sein kann. Schweitzer kommt zu dem Schluss, dass keine Religion, auch nicht das Christentum, die Kraft besessen habe, die Menschen umfassend zu zivilisieren. Als liberaler Protestant deutet er den Ersten Weltkrieg und das mit ihm verbundene Massensterben als Bankrott des Christentums. Danach droht sich Schweitzers Glaube an den universalen Charakter westeuropäischer Vorstellungen von Vernunft und Humanität aufzulösen. Eines Nachts notiert er: *„Wer will den Glauben der anderen deuten, wenn ihm der eigene fremd geworden ist?"*

Doch Schweitzer hält weiter an der Ethik seines Glaubens fest. In dieser Hinsicht hatte er im Jahr 1915 eine Erleuchtung, dieses Erlebnis hat er in seinem

Tagebuch festgehalten. Es war auf dem Ogowe-Fluss; Schweitzer saß in einem Boot, auf dem Weg zu einer Patientin: „Als wir bei Sonnenuntergang gerade durch eine Herde Nilpferde hindurchfuhren, stand urplötzlich, von mir nicht geahnt und nicht gesucht, das Wort Ehrfurcht vor dem Leben vor mir. (...) Nun war ich zu der Idee vorgedrungen, in der Welt- und Lebensbejahung und Ethik miteinander enthalten sind!" In diesem Moment hat er die Richtlinie seines Denkens und Handelns gefunden – obwohl er den Widerspruch nicht lösen kann, dass Leben nur auf Kosten anderen Lebens gelebt werden kann.

Schon seit 1914, also kurz nach der Ankunft im heutigen Gabun, stehen er und seine Frau Helene unter Arrest der französischen Kolonialherren, weil sie Deutsche sind und sich Deutschland und Frankreich im Krieg befinden. 1917 inhaftieren die Franzosen das deutsche Ehepaar für ein Jahr in Paris – bis zum Kriegsende. Im Gefängnis notiert Schweitzer seinen berühmten Satz „Ich bin Leben, das leben will, inmitten von Leben, das leben will", der sich nahtlos an seine Philosophie der Ehrfurcht vor dem Leben anschließt. Schweitzer will, dass sich jeder klar darüber wird, dass Mitmenschen niemals Nebenmenschen sein dürfen. Deshalb dürfe niemand einem Lebewesen Leid zufügen und der Mensch keinen Krieg führen. Auch das Lebensbedürfnis der Tiere habe der Mensch zu achten und zu respektieren. „Sie war schon vor uns da, lass sie leben", soll Schweitzer zu einem Arzt des

Urwaldhospitals gesagt haben, als der eine Spinne töten wollte.

Im Jahr 1918 entlassen die Franzosen das Ehepaar Schweitzer aus der Haft. Beide kehren ins Elsass zurück und erhalten die französische Staatsbürgerschaft. Schweitzer arbeitet als Krankenhausarzt und gibt Orgelkonzerte, bis er genug Geld für die Rückkehr nach Gabun gespart hat. Im Jahr 1919 kommt Helene und Albert Schweitzers Tochter Rhena zur Welt, am 44. Geburtstag ihres Vaters. 1924 kehrt Albert Schweitzer nach Lambarene zurück und baut dort sein Hospital aus. Schweitzer engagiert sich jedoch nicht nur in Afrika, sondern auch darüber hinaus. Ein Jahr vor Hitlers Machtergreifung warnt er in Frankfurt am Main, wo er regelmäßig zu Gast war, in einer Rede zu Johann Wolfgang Goethes 200. Todestag vor dem aufkommenden Nationalsozialismus in Deutschland.

Ich bin Leben,
das leben will,
inmitten von Leben,
das leben will.

Außerdem ruft Schweitzer unermüdlich zum Frieden auf. Zusammen mit Albert Einstein engagiert er sich für die Abschaffung der Atomwaffen, da er weiß, wie unmenschlich und zerstörerisch sie sind. Dafür wird ihm im Jahr 1952 der Friedensnobelpreis verliehen.

Die einfache Bevölkerung in Gabun verehrt Schweitzer auch nach dem Ende der kolonialen Besatzung. Für die neue Elite ist Schweitzers patriarchaler Führungsstil in seinem Urwaldkrankenhaus jedoch ein Überbleibsel weißer Herrschaft. Eine Zeit lang hat Schweitzer Schwierigkeiten, die laufenden Kosten des Hospitals zu decken und die Gebäude instandzuhalten. Doch sein guter Ruf rettet schließlich sein Lebenswerk. Wichtige europäische Spender bleiben ihm treu und finanzieren sein Krankenhaus auch nach dem Ende der kolonialen Besatzung weiter. Albert Schweitzer starb 90-jährig am 4. September 1965 in seinem Tropenkrankenhaus in Gabun. Das Urwaldhospital existiert immer noch und beherbergt mehrere Krankenhausstationen sowie ein Malariaforschungszentrum. *Lilith Becker*

Frage 4

Im Bus pöbeln Jugendliche einen Jüngeren an.
Was unternehmen Sie?

◯ Ich greife spontan ein.

◯ Ich suche andere, die mit mir etwas tun.

◯ Ich schließe mich einer Initiative an, die strukturell etwas unternimmt.

◯ Ich tue lieber nichts.

Wer den christlichen Glauben ernst nimmt, *inte-*
ressiert sich dafür, was um ihn herum geschieht und
auch dafür, was anderen Menschen angetan wird. Das
hängt damit zusammen, dass sich das Christentum
auf einen Gefolterten und Hingerichteten beruft. Das
erste christliche Bekenntnis lautet: Dieser Mann am
Kreuz war der Sohn Gottes! *Eine Religion, die sagt,*
dass sich ihr Gott nicht zu schade war, ganz unten
bei den Menschen anzukommen, wird immer auf die
Leidenden schauen müssen. Christinnen und Christen
haben den Drang und die Pflicht, sich um diejenigen
zu kümmern, denen Leid zugefügt wird. Dabei kann
man sich auch selbst in Gefahr bringen. Wer sich gegen
Gewalt richtet, kann selbst Gewalt erfahren.

Die christlichen Kirchen mussten sich im Lauf der
Geschichte immer wieder darauf besinnen, dass ihr
Gott den Blick nach unten gelehrt hat. Je mehr poli-
tische Macht die Kirche hatte, desto mehr konnte es
geschehen, dass der Blick nach unten verloren ging.
Dann brauchte es Menschen, die daran erinnerten.
Auch die Reformation begann mit einer solchen Ände-
rung der Blickrichtung: Es sollte nicht um kirchliche

Autoritäten, nicht um Paläste oder Päpste gehen, sondern um die Gläubigen selbst. Für Martin Luther selbst war das ein gefährliches Unterfangen. Mehr als einmal wurde er wegen seiner Courage mit dem Tod bedroht. Andererseits muss man nicht unbedingt direkt eingreifen, um sich für Schwache zu engagieren. Gerade wenn man generell einen Missstand bekämpfen will, dann lohnt es sich eventuell, zu schauen, ob es nicht andere Menschen gibt, die auch etwas verändern wollen. In den USA wurde und wird beispielsweise auf ganz unterschiedliche Weise für die Gleichheit von Menschen mit schwarzer und weißer Hautfarbe gekämpft. In den 50er und 60er Jahren des 20. Jahrhunderts formierte sich aus den verschiedenen einzelnen Aktionen gegen den Rassismus eine Bürgerrechtsbewegung, die immer größer und bedeutender wurde. Ihr berühmtester Vertreter war **Martin Luther King**. 1963 marschierten über 200.000 Menschen durch Washington und versammelten sich am Lincoln Memorial, um gegen die Rassendiskriminierung zu demonstrieren. Der „Marsch auf Washington" wurde zu einem der wichtigsten Ereignisse der Bürgerrechtsbewegung.

Wenn man auf einzelne Übergriffe oder Ungerechtigkeiten trifft, wird man meistens Zeuge struktureller Probleme. Das Christentum hat diesen Aspekt ebenfalls von Beginn an im Blick gehabt. Der christliche Glaube entstand durch die Hoffnung auf eine Welt, in der nicht die Starken die Schwachen regieren, sondern Gott selbst unter den Menschen wohnt, und in der

Mehr über den Friedensnobelpreisträger Martin Luther King ab Seite 44

alle Menschen gut miteinander umgehen. Darum sollen Christen in dieser Welt für Gerechtigkeit und Frieden eintreten. Politik ist daher für viele engagierte Christen ein wichtiges Handlungsfeld. Der deutsche Pfarrer **Dietrich Bonhoeffer** begründete seinen Widerstand gegen den Nationalsozialismus mit seinem Glauben. Er ging so weit, dass er sich sogar an der Planung des Attentates auf Adolf Hitler beteiligte. Auch ihm war klar, dass er sich damit in Lebensgefahr begab, doch kam für ihn keine Alternative zu seinem Tun infrage. Er wurde kurz vor Kriegsende 1945 hingerichtet.

Mehr über Dietrich Bonhoeffers Widerstand ab Seite 190

Ist es also für einen Christen überhaupt eine Alternative, nichts zu tun, wenn einem Ungerechtigkeit oder Gewalt über den Weg laufen? Man kann sicher nicht von jedem Menschen erwarten, dass er sein Leben aufs Spiel setzt. Wichtig ist, den „Blick nach unten" des Christentums zu bewahren. So hat sich der Hamburger Pastor **Johann Hinrich Wichern** mit seinem Engagement für die Ausgestoßenen der Gesellschaft zwar nicht nur Freunde gemacht, aber in Gefahr brachte ihn das auch nicht. Sein Widerstand gegen herrschende Ungerechtigkeit bestand darin, Menschen zu versammeln, die gemeinsam etwas unternehmen wollten. Als er feststellte, dass das innerhalb der Kirche nicht möglich war, gründete Wichern dafür einen Verein. Der allerdings war so christlich wie Wichern selbst.

Mehr über Johann Hinrich Wicherns Engagement ab Seite 84

Martin Luther King
(1929 – 1968)

Für seine Überzeugungen aus dem Glauben
heraus einstehen – und mit dem Glauben
für seine Rechte aufstehen –, das war das
Lebenswerk von Dr. Martin Luther King jr.

> *Der alte Grundsatz Auge um Auge macht schließlich alle blind.*

„**One man come** in the name of love. One man come and go. One man come he to justify. One man to overthrow." So beginnt ein Song der irischen Rockband U2: „Pride", zu Deutsch „Stolz". Gewidmet ist er Martin Luther King und er fasst in wenigen Zeilen zusammen, was diesen Mann, sein Leben und seinen Glauben bestimmte: Handeln im Namen der Liebe, gerechtfertigt sein und Umwälzungen vorantreiben. Für seine Überzeugungen aus dem Glauben heraus einstehen – das war das Lebenswerk von Dr. Martin Luther King jr. Sein Glaube wiederum bedeutete für ihn Nachfolge Jesu Christi in Liebe und Gewaltlosigkeit.

Geboren als Michael King jr., studierte der Sohn eines Baptistenpredigers in Atlanta Soziologie. Er las

Plato, John Locke, Jean-Jacques Rousseau, Aristoteles, Karl Marx, Henry David Thoreau und vor allem Mahatma Gandhi, dessen Ideen von Gewaltlosigkeit und Widerstand ihn sehr prägten.

Zu Ehren des Reformators Martin Luther hatte der Vater bereits früh seinen und den Namen seines Sohnes in Martin Luther King geändert. Der Name Luthers war für beide ein Symbol ihrer tiefen Religiosität. So schrieb sich King jr. nach seinem Abschluss in Soziologie für ein Theologiestudium in Pennsylvania ein. Anschließend promovierte er in Boston. 1953 heiratete er Coretta Scott King, das Paar hatte vier Kinder. 1954 schließlich trat er nach einigem Zögern seine erste Stelle als Pastor in Montgomery an. Zur Aufgabe des Predigens heißt es in seiner Autobiografie: „Predigen ist für mich ein dualer Prozess. Einerseits muss ich versuchen, die Seele eines jeden Einzelnen zu verändern, damit sich die Gesellschaft verändern kann. Andererseits muss ich versuchen, die Gesellschaft zu verändern, damit sich jede einzelne Seele verändern kann." (Clayborne Carson, Autobiography)

Diese Einstellung kam nicht von ungefähr: Wie nahezu alle Nichtweißen hatte er schon früh die Diskriminierung durch die damalige Rassentrennung in den Südstaaten der USA am eigenen Leib erfahren müssen. *Alle Bereiche des täglichen Lebens waren in Schwarz und Weiß aufgeteilt:* Schulen, Kirchen, öffentliche Gebäude, Busse und Züge, selbst Toiletten und Waschbecken waren für Schwarze und Weiße getrennt.

Martin Luther Kings erste große Aktion gegen den alltäglichen Rassismus sollte der Busboykott in seiner damaligen Heimatstadt Montgomery werden. Am 1. Dezember 1955 wurde die Afroamerikanerin Rosa Parks verhaftet, weil sie sich weigerte, ihren Sitzplatz im Bus für einen Weißen zu räumen. Der daraufhin ausgerufene Boykott der öffentlichen Transportmittel, den King anführte, dauerte 381 Tage und erregte auch im Ausland Aufsehen. Er endete damit, dass der Oberste Gerichtshof jede Art von Rassentrennung in den Bussen der Stadt Montgomery verbot. Martin Luther King jr. wurde in der Folge zu einer der führenden Persönlichkeiten in der amerikanischen Bürgerrechtsbewegung (Civil Rights Movement) und organisierte unzählige Veranstaltungen, Demonstrationen und Aktionen.

Der Antrieb für seine Aktivitäten wurzelte dabei tief in seinem christlichen Glauben, was King immer wieder unmissverständlich klarmachte. Er war davon überzeugt, das Christentum bestehe vor allem darin, dass der Mensch seinen Wert in sich selbst trage, weil er ein Kind Gottes und nach seinem Bild geschaffen sei. Glaube und Politik waren so für ihn keine Gegensätze, sondern gehörten untrennbar zusammen. Politisches Handeln und der Einsatz für die Schwachen – tätige Nächstenliebe – waren für ihn eine Verpflichtung aus seinem protestantischen Glauben heraus. Dieses auf der Gottesebenbildlichkeit fußende Menschenbild Kings erklärt auch, dass viele der von ihm initiierten Aktionen sich zwar der Mittel des zivilen Ungehorsams bedienten, aber unbedingt gewaltlos blieben. Kein Mensch, genauer: kein Kind Gottes sollte zu Schaden kommen.

King verwendete dafür das Bild vom „Tisch der Brüderlichkeit": essen, am gleichen Tisch zusammensitzen, auch mit den Andersdenkenden. Mit diesem Bild wird im Neuen Testament auch das Reich Gottes umschrieben, das demnach nicht eine andere, jenseitige Welt ist, sondern die hiesige, in der neue Verhältnisse geschaffen werden.

Es ist dieses Glaubensverständnis, aus dem heraus Martin Luther King jr. sein politisches Engagement im Laufe der Jahre deutlich ausweitete, die weltweite Armut bekämpfte und den Vietnamkrieg eindeutig verurteilte. *1964 bekam Martin Luther King – als dritter Schwarzer überhaupt – den Friedensnobelpreis,* eine von unzähligen Auszeichnungen für sein soziales und politisches Handeln. In seiner Dankesrede bei der Preisverleihung erklärte King sein Tun auch damit, dass kein Mensch eine Insel sei, sondern alle Menschen aufeinander angewiesen. King nannte das das „Welthaus": „Wir haben ein stattliches Haus geerbt, ein großes Welthaus, in dem wir zusammen leben müssen – Schwarze und Weiße, Menschen aus dem Osten und dem Westen, Heiden und Juden, Katholiken und Protestanten, Moslems und Hindus, eine Familie, die in ihren Ideen, ihrer Kultur und ihren Interessen übermäßig verschieden ist und die – weil wir nie mehr ohne einander leben können – irgendwie lernen muss, in dieser großen Welt miteinander zu leben." (Nobelpreisrede vom 11. 12. 1964)

Martin Luther King jr. machte sich mit seinem unermüdlichen Engagement auch viele Feinde. Allein während des Busboykotts in Montgomery wurde er drei Mal tätlich angegriffen und überlebte drei Bombenattentate. Zwischen 1955 und 1968 kam King über 30 Mal ins Gefängnis. In seiner berühmten „Mountaintop"-Rede formulierte er, dass er trotz allem keine Angst habe, denn er sei vom Gipfel des Berges herabgekommen, dort habe er das Gelobte Land gesehen. Mit diesem Bild bezog er sich auf die biblische Moses-Figur. Moses hatte das Volk Israel an sein Ziel geführt, dieses Land aber selbst nicht betreten können.

> *Ungerechtigkeit an irgendeinem Ort bedroht die Gerechtigkeit an jedem anderen.*

Das sollte auch für Martin Luther King gelten: Am Tag nach der „Mountaintop"-Rede, am 4. April 1968, wurde Martin Luther King jr. in Memphis, Tennessee, auf dem Balkon seines Motels erschossen. Seine Ideen und Ideale wirkten weit über seinen Tod hinaus. Ganz so,

wie es im Song „Pride" am Schluss heißt: „Free at last, they took your life. They could not take your pride." („Endlich frei! Sie nahmen dir das Leben, deinen Stolz konnten sie dir nicht nehmen.")

Wenn wir es nicht lernen, miteinander als Brüder zu leben, werden wir als Narren miteinander untergehen.

Tatsächlich war das Potenzial der Vision des Martin Luther King jr. – seine Hoffnung gegen jede Vernunft – buchstäblich nicht totzukriegen. Ganz so, wie er es in seiner Nobelpreisrede unter Rückgriff auf einen biblischen Psalm als seinen unerschütterlichen Glauben formulierte: *„Ich glaube immer noch, dass die Menschheit sich eines Tages Gottes Altären beugen wird und mit dem Triumph über Krieg und Blutvergießen gekrönt werden wird* und gewaltloser, erlösender guter Wille seine Herrschaft über das Land ausrufen wird. ‚Und der Löwe und das Lamm werden einträchtig beieinander lagern. Und ein jeder wird unter seinem Weinstock und Feigenbaum wohnen, und niemand wird sie schrecken.' Ich glaube immer noch, dass wir überwinden werden." (Friedensnobelpreis-Dankesrede, 10. 12. 1964)

Martin Luther King war Visionär, Revolutionär und Weltverbesserer, vor allem aber ein evangelischer Christ, für den nicht die Werke den Glauben machten, aber der Glaube die Werke. Er begriff die Botschaft von Gottes Liebe zu den Menschen in Jesus Christus nicht nur als Gabe, sondern auch als Aufgabe. Oder, wie er es in seiner berühmten Rede „I have a dream" („Ich habe einen Traum") beim „Marsch auf Washington" vor über einer Viertelmillion Menschen formulierte: „Mit diesem Glauben werde ich fähig sein, aus dem Berg der Verzweiflung einen Stein der Hoffnung zu hauen."

Claudius Grigat

Frage 5

Welchen Satz würden Sie am ehesten sagen,

wenn man Sie nach Ihrer Haltung zum Thema Arbeit fragt?

◯ „Ohne Fleiß kein Preis."

◯ „Erst die Arbeit, dann das Vergnügen."

◯ „Gut Ding will Weile haben."

◯ „Ich bin hier auf der Arbeit und nicht auf der Flucht."

Ist Arbeit ein Segen oder ein Fluch? In jedem Fall gehört sie nach biblischem Verständnis zum Menschsein dazu. Die Bibel fragt in den ersten Kapiteln nach all dem, was den Menschen ausmacht und erzählt entsprechende Geschichten. Nach dem biblischen Schöpfungsbericht bekommt der Mensch, kaum dass Gott ihn ins Leben gebracht hat, eine Arbeit zugewiesen. Gott setzt ihn in einen Garten und gibt ihm die Aufgabe, für diesen Garten zu sorgen. *Der erste Beruf der Menschheit ist nach diesem biblischen Bericht der des Gärtners.* (1. Mose 2) Da in diesem Garten im wahrsten Sinn paradiesische Zustände herrschen und alles von allein zu wachsen scheint, ist die erste menschliche Arbeit offensichtlich nicht besonders hart. Das ändert sich erst, als die Menschen die paradiesischen Umstände verlassen müssen. Außerhalb des Gartens herrschen für den Menschen wesentlich härtere Bedingungen. Dort muss der Mensch den Boden beackern und „im Schweiße seines Angesichts" sein Brot essen (1. Mose 3,19).

Das Christentum machte im Mittelalter den Fleiß zu einer „himmlischen Tugend". Bis dahin galten neben den „vier klassischen Grundtugenden" Klugheit,

Gerechtigkeit, Tapferkeit und Mäßigung noch die christlichen Tugenden Barmherzigkeit, Beten, Fasten, Glaube, Liebe und Hoffnung als besonders erstrebenswert. *Doch als Gegenüber zur Todsünde der Faulheit trat nun der Fleiß als Tugend auf den Plan – bis heute.*

Mit der Reformation stieg die Wertschätzung von Arbeitseifer und Fleiß noch: Luther war der Ansicht, dass der Beruf, den man ausübt, der von Gott vorgegebene Stand sei. Hier solle man sein Bestes tun, um ein gottgefälliges Leben zu führen. Der Beruf ist also Berufung und im Grunde ein Gottesdienst.

Der Schweizer Reformator Johannes Calvin hatte andere Vorstellungen von der Arbeitsethik. Seiner Ansicht nach ist jeder Mensch von Gott entweder zum Heil oder zum Unheil vorherbestimmt. Da aber niemand weiß, wozu Gott ihn erwählt hat, muss jeder Mensch so tun, als ob er zum Heil auserwählt sei. Das bedeutet eine außerordentlich tugendhafte Lebensführung und enormen Fleiß. Diese calvinistische Ethik verbreitete sich vor allem in Ländern, deren evangelische Kirchen reformierten Bekenntnisses waren – also über England nach Nordamerika und in Preußen und damit auch in ganz Deutschland. Der Königsberger Philosoph **Immanuel Kant** war als ausgesprochen fleißiger Arbeiter bekannt, was wohl seiner preußisch-calvinistischen Prägung zu verdanken war. Auch die Schriftstellerin Charlotte Brontë stammte aus calvinistisch geprägtem Elternhaus.

Allgemein lobte das Bürgertum des 19. Jahrhunderts den Fleiß. *Zusammen mit Ordentlichkeit, Sauberkeit,*

Mehr über Immanuel Kants Haltung zum Fleiß ab Seite 68

Sparsamkeit und Pünktlichkeit gehört der Fleiß zu den Tugenden, die heute gern den Deutschen zugeschrieben werden. Die Komponistin und Pianistin **Clara Schumann** wäre gewiss nicht zu so großen Ruhm gelangt, wenn sie nicht ausgesprochen fleißig geübt hätte. Es war vor allem ihr Vater, der sie antrieb, ihr musikalisches Talent so beharrlich zu verfolgen. Als sich Clara in ihren späteren Mann Robert verliebte, galt ihr Fleiß mehr dem Schreiben von Liebesbriefen als dem Klavierspiel.

Mehr über Clara Schumann, ihr Talent und ihren Fleiß ab Seite 56

Mittlerweile gilt eher eine Ausgeglichenheit von Arbeit und Freizeit als Ideal. Das Stichwort „Work-Life-Balance" macht deutlich, dass Arbeit und Fleiß nicht mehr als selbstverständlicher Teil des Lebens verstanden werden, sondern eher als ein Gegenüber zum Leben: Arbeit ist das eine, Leben ist das andere. Beides muss ins Gleichgewicht. Gleichzeitig gilt der Fleiß weiterhin als Tugend. Viele Menschen sind bereit, sich notfalls krank zu arbeiten. Und das ist wohl nicht nur darauf zurückzuführen, dass man arbeiten muss, um überleben zu können. Für viele Menschen ist Arbeit ein großer, wenn nicht der größte und wichtigste Lebensinhalt.

In keinem Fall sollte man vergessen, dass Gott selbst nach der Arbeit geruht hat. Einen ganzen Tag lang tat er nichts, nachdem er sechs Tage an der Schöpfung gearbeitet hatte. Gott hätte also vielleicht bei dieser Frage zum Thema Arbeit „Erst die Arbeit, dann das Vergnügen" angekreuzt.

Clara Schumann
(1819 – 1896)

Charismatisch, schön, bürgerlich und schließlich
selbstbestimmt. Clara Schumann hat ihr Leben
immer mehr in die eigenen Hände genommen.
Sie nutzte und stärkte ihre Fähigkeiten, lebte und
arbeitete leidenschaftlich.

„Musik drückt aus, worüber besser geschwiegen worden wäre. "

Am Anfang des 19. Jahrhunderts ist es mit der Selbstbestimmung einer Frau in Deutschland noch nicht weit her. Unverheiratet und minderjährig untersteht sie der „väterlichen Gewalt", nach der Hochzeit dem „ehelichen Vormund". So steht es im königlich-sächsischen Recht, wie es beispielsweise am Appellationsgericht zu Leipzig angewendet wird. Dort wird in dieser Zeit eine junge Frau zum Zankapfel zweier Männer. 1840 wird das Urteil gesprochen. Für die gerade 20-jährige Clara Wieck ist jener Prozess, in dem es um ihre „Eheerlaubnis" geht, vielleicht das erste einschneidende Ereignis auf ihrem Lebensweg. Die Geschichte der hochbegabten Pianistin und Komponistin ist geprägt von einem ständigen Kampf mit bürgerlichen Konventionen, für die persön-

liche und künstlerische Freiheit. Diesen Kampf wird Clara am Ende gewinnen. Sie wird hochgeachtet als Interpretin, deren kraftvolles, ungekünsteltes Spiel neue Maßstäbe im Konzertleben setzt. Als eine der ersten Musikprofessorinnen unterrichtet sie später am Frankfurter Konservatorium Schülerinnen aus aller Welt. Der Weg dahin aber ist lang – und nicht ohne Tragik.

> *Die Ausübung der Kunst ist ein großer Teil meines Ichs, es ist mir die Luft, in der ich atme.*

Friedrich Wieck, der Vater, verliert vor Gericht. Mit allen Mitteln hat er sich gewehrt gegen die Verbindung seiner Tochter mit Robert Schumann. Der ist für ihn ein „Viertelfaust", kein Umgang für seine Tochter und schon gar kein Ehemann. Wieck kennt die dunklen Seiten des jungen Komponisten, der seit 1830 als Schüler in seinem Haus lebte – Alkoholexzesse, Bordellbesuche, Syphilisinfektion.

Das Verhältnis zwischen Tochter und Vater wird sich nie mehr ganz normalisieren. Vor 1840 aber stellt Friedrich Wieck die entscheidenden Weichen für die künstlerische Entwicklung seiner Tochter. Er hat zunächst Theologie studiert, am Beruf des Pfarrers aber keinen Gefallen gefunden. Über weite Strecken autodidaktisch hat er sich breites musikalisches Wissen angeeignet.

An der hochbegabten Tochter Clara soll sich der Erfolg seiner Lehrmethode beispielhaft erweisen. Wieck gilt als durchaus fortschrittlich. Neben dem Üben am Instrument stehen auch lange Spaziergänge auf dem Plan. Dennoch ist der Alltag des Wunderkindes durchgetaktet, für Spiele und Freundschaften lässt der strenge und aufbrausende Vater keinen Raum. Vor allem die Konzertreisen, die schnell über die Grenzen der Heimat hinaus bis in die Metropolen Berlin, Wien oder Paris führen und Monate dauern können, setzen der Gesundheit des Mädchens zu. Doch auch hier duldet der Vater keine Schwäche – Clara muss spielen, selbst wenn sie krank ist. Neben dem Ruhm bringen ihm die Auftritte schließlich auch eine Menge Geld ein.

In den 1830er Jahren reift Clara vom Wunderkind zur hochgeachteten Pianistin, auf Augenhöhe mit ihren berühmten Kollegen Thalberg, Henselt oder Liszt. Clara Schumann dankt ihrem Vater „für alle die sogenannten Grausamkeiten" noch Jahrzehnte später, sie sind die Basis ihres Erfolgs. Doch unter der Knute entwickelt sich auch ein Trotz und Widerstandsgeist. Friedrich Wieck

erkennt das und diktiert es seiner Tochter ins Tagebuch: „Ich wurde leicht eigensinnig darauf und in meinen Wünschen unbändig." Im Februar 1839 reist Clara allein nach Paris. Sie ist ihre eigene Managerin, muss sich ihre Auftritte und Kontakte selbst organisieren. Damit emanzipiert sie sich vom Vater und wendet sich ihrem zukünftigen Mann zu.

Robert hatte die neun Jahre jüngere Clara schon als Kind mit fantastischen Geschichten im Geist von Jean Paul, E. T. A. Hoffmann und Eichendorff begeistert. Ihr Verhältnis wird immer inniger. In Briefen und Kompositionen entwickeln sie die Vorstellung einer idealisierten Liebe zwischen zwei Künstlern.

„

Eine Frau hat so vieles zu beachten, besonders muss sie eine gewisse Zurückgezogenheit behaupten, was sehr schwer ist bei so großer Liebe.

"

Der Rausch dieser idealen Verbindung verfliegt im Ehealltag jedoch rasch. Robert Schumann ist nämlich nicht bereit oder in der Lage, eine gleichberechtigte Partnerin neben sich zu akzeptieren. Er nimmt kein Blatt vor den Mund, wie er sich die Zukunft vorstellt: „Erreiche ich nur das, dass Du gar nichts mehr mit der Öffentlichkeit zu tun hättest, wäre mein innigster Wunsch erreicht." Clara ist tief enttäuscht. Hausfrau, das wollte sie nie sein. Genau diese Rolle aber hat Schumann seiner Frau vornehmlich zugedacht. Als Mutter von zuletzt acht Kindern gerät die Karriere zwangsläufig ins Stocken. Große Konzerte werden selten, Clara tritt vorwiegend im privaten Rahmen auf. Schumann muss sich als Komponist mühsam durchsetzen. Gegenüber der erfolgreichen Clara fühlt er sich minderwertig und versucht, dies durch das Pochen auf seinem Recht als Ehemann zu kompensieren. Clara reagiert ambivalent: Sie fügt sich in die ihr zugedachte Hausarbeit – zumindest anfangs, ehe dafür dann eine Haushälterin eingestellt wird. Auch das geringschätzige Urteil Schumanns über ihre Kompositionen übernimmt sie – „Natürlich bleibt es immer Frauenzimmer-Arbeit" –, vielleicht um des häuslichen Friedens willen. Je länger die Ehe aber dauert, desto deutlicher begehrt Clara auf. „Ich bin es ja meinem Rufe schuldig, dass ich mich jetzt noch nicht ganz zurückziehe", schreibt sie ins gemeinsame Tagebuch. *Meine Kunst lasse ich nicht liegen. Ich müsste mir ewige Vorwürfe machen."* Sie bleibt hart und es gibt wieder Konzertreisen, nach Norddeutschland, aber

auch nach Holland, Wien oder Russland – teilweise gemeinsam mit ihrem Mann. In Dresden betreibt Clara Schumann ihren eigenen Salon, in dem moderne Musik gespielt und diskutiert wird. Doch erst in Düsseldorf, der letzten gemeinsamen Station, hat sie ein eigenes Arbeitszimmer, in dem sie üben und schreiben kann, ohne ihren immer empfindlicheren Mann zu stören.

Robert Schumann wird 1854 in ein Irrenhaus eingewiesen. Als er nach zweijährigem Aufenthalt im Juli 1856 stirbt, ist das für Clara eine Befreiung. Sie wird ihren Mann bis zum eigenen Tod lieben, ja vergöttern und seine Werke in aller Welt spielen. Dennoch ist eine Last abgefallen, kann sie an ihr altes Leben als reisende Virtuosin wieder anknüpfen und so für den eigenen Lebensunterhalt und den der Kinder sorgen. Mehrere Jahre hindurch ist sie nahezu ständig unterwegs. Leidtragende sind die Kinder, die in Internate gesteckt werden und die Mutter kaum sehen. Die Familie zerbricht. Besonders hart trifft es die Söhne: Ludwig, der Älteste, endet im Wahnsinn wie sein Vater. Ferdinand wird morphiumsüchtig und Felix, der Jüngste, stirbt an Tuberkulose. In aller Leben hat die Mutter mit Macht hineinregiert. Die vier Töchter werden nach ihrem Willen konventionell erzogen. Musische Bildung ist eingeschlossen, aber nicht über ein bestimmtes Maß hinaus. Dass die Töchter ihr nacheifern, wünscht Clara nicht. Marie und Eugenie werden später ihre Assistentinnen am Konservatorium und unterrichten auch selbst. Clara pflegt zwar den persönlichen Kontakt zu Pionierinnen der Frauenemanzipation wie der Schriftstellerin Fanny Lewald und wird ja auch selbst am Ende zu einer beispielhaften Figur in diesem Sinn – für ihre Töchter aber hält sie eisern am hergebrachten Erziehungsmodell und traditionellen Frauenbild fest.

In der Welt der Musik ist Clara Schumann in den letzten Jahrzehnten ihres Lebens eine Legende. Die charismatische Frau wird bewundert und umschwärmt. Mit dem jungen Johannes Brahms verbindet sie eine leidenschaftliche Beziehung, die fast zehn Jahre hält. Doch wirklich binden will sie sich nicht mehr. Mit starkem Willen und Disziplin ist sie schließlich zu einer selbstständigen Frau und Künstlerin geworden, die sich ihres Wertes bewusst ist. Sie überwindet traditionelle Autoritäten und setzt eigene Maßstäbe. *Jörg Echtler*

Was trauen Sie *dem menschlichen Verstand zu?*

◯ Der menschliche Verstand hat auch Unglück gebracht.

◯ Manchmal muss man ihn auch ausschalten können.

◯ Manchmal muss man den Verstand über das Herz stellen.

◯ Der Verstand ist das Wichtigste, was ein Mensch hat.

„**Wenn ich nicht durch Zeugnisse** der Schrift und klare Vernunftgründe überzeugt werde, so bin ich durch die Stellen der heiligen Schrift, die ich angeführt habe, gefangen in dem Worte Gottes. Daher kann und will ich nichts widerrufen ... Gott helfe mir, Amen." Das sagte Luther auf dem berühmten Reichstag zu Worms im Jahre 1521. Er war vorgeladen worden, seine Schriften zu widerrufen, doch er weigerte sich, und das Ende seiner Verteidigungsrede ist berühmt geworden – auch wenn es meist nicht richtig zitiert wird. „Hier stehe ich. Ich kann nicht anders", das ist eine zu kurze Wiedergabe des Gesagten. Es war Luther ausgesprochen wichtig, sich auf die Vernunft zu berufen. *Luthers Meinung nach hatten seine Gegner lediglich die Autorität des Papstes und der kirchlichen Konzilien auf ihrer Seite, nicht aber eine vernünftige Auslegung der Bibel.* Es sei aber bewiesen, dass sich Päpste und Konzilien irren können, also blieben eben die Bibel und die Vernunft.

Dass die Bibel ausgelegt werden darf und muss, ist eine der wichtigsten Grundlagen des christlichen Glaubens. Es geht nicht darum, die Bibel wörtlich zu befolgen, denn das ist gar nicht möglich. Die Bibel widerspricht sich selbst und ist nicht eindeutig. Darum wurde die Heilige Schrift der Christen immer ausgelegt und interpretiert. Der neue Gedanke der Reformation war, dass jeder Mensch die Bibel auslegen darf. Dafür braucht er die Schrift und seinen Verstand. Darum war es wichtig, die Bibel ins Deutsche zu übersetzen, damit alle sie lesen und deuten können. Selbstverständlich gab es immer „Spezialisten" im Auslegen der Bibel – Gelehrte, die sich in den ursprünglichen Sprachen der Bibel auskannten und so die Heilige Schrift besonders gut auslegen konnten. Aber ihre Autorität lag in ihrem Können und nicht darin, dass sie irgendwelche Ämter bekleideten.

Wer seinen Verstand nutzen kann, kann auch die Bibel verstehen. Dieser Grundsatz wurde im 18. Jahrhundert in der Zeit der Aufklärung noch wichtiger, weil man dem menschlichen Verstand nun noch mehr Bedeutung zumaß als vorher. Bis heute ist der Verstand die Grundlage für die Auslegung der Bibel in der evangelischen Kirche. Manche Menschen fühlen sich von einer ausschließlich den Verstand ansprechenden Predigt in einer evangelischen Kirche gelangweilt. In religiösen Dingen, so denken viele, komme es ohnehin eher auf persönliche Erfahrungen als auf den Verstand an. Der Komponist **Johann Sebastian Bach** bedient mit seiner Musik beides: Verstand und Emotionen. Für Bach war Musik ein Abbild der göttlichen Ordnung. Bach nutzt seinen Verstand, um aus der Bibel Zahlenproportionen abzuleiten, die er wiederum seiner Musik

Mehr zu Bachs Kunst, Verstand und Emotionen zu verbinden ab Seite 112

zugrunde legt. Ein Akt des Verstandes also, der die Zuhörer dennoch aufs Tiefste berührt und bewegt. Bach predigt mit Musik.

Die Aufklärung rief im 19. Jahrhundert entgegengesetzte Bewegungen hervor. *Die Liebe zum Verstand wurde abgelöst von einer großen Sehnsucht danach zu fühlen und zu erleben.* Anstatt die Natur zu vermessen, wollte man sie erleben. Die Schriftstellerin Charlotte Brontë und ihre Schwestern erschufen ganze Welten, in denen Gefühle regierten. Der Verstand allein machte den Menschen eben nicht aus. Liebe und Leidenschaft waren für das Menschsein in ihren Augen mindestens ebenso wichtig.

Mehr zu den Welten, die Charlotte Brontë erschuf, ab Seite 16

Der menschliche Verstand hat die Menschheit außerdem Dinge erfinden und umsetzen lassen, die sich als verheerend herausstellten. Viele kluge Menschen haben sich darum dafür ausgesprochen, den Verstand nicht über alles zu stellen. Die Theologin Dorothee Sölle machte das Staunen und das Danken zu einem wesentlichen Teil ihrer Theologie und ihres Lebens. Staunen wie Gott nach dem sechsten Schöpfungstag, das bedeutete für sie, mehr zu sehen, als dass die Welt nun gut funktioniert. Dieses Staunen führt zu Dankbarkeit – und auch zu Zorn, wenn man sieht, wie das Leben bedroht wird. So löst sich der Gegensatz zwischen Vernunft und Gefühl auf.

Mehr zum Staunen und zum Danken bei Dorothee Sölle ab Seite 176

Immanuel Kant
(1724 – 1804)

„Was soll ich tun?" ist die grundlegende Frage
der kantschen Ethik. Immanuel Kant steht für die
Überwindung der reinen Vernunft. Sein Denken
gilt als Höhepunkt der neuzeitlichen Aufklärung.

> *Man sollte es nicht für möglich halten, aber auch die Tugenden müssen ihre Grenzen haben.*

Der Handel war es, worauf es in der ostpreußischen Stadt Königsberg im 18. Jahrhundert ankam. Hier machte man ordentliche Geschäfte, nicht nur im Baltikum, sondern auch international. Kaufleute aus unterschiedlichen Kulturen prägten das Bild der Stadt. Bereits 1544 gründete man hier die Albertus-Universität, die nach Marburg die zweite protestantische Neugründung weltweit war. In diesem kulturellen Schmelztiegel war alles vorhanden, um große Ideen und Gedanken zu produzieren. Eine begrenzte Umgebung also, aber in ihrer Vielfalt genau richtig für einen freien Geist.

Immanuel Kant wurde am 22. April 1724 in Königsberg als Sohn eines Handwerkermeisters in einem ein-

fachen und streng christlichen Elternhaus geboren. Das Kind taufte man bereits im Alter von einem Tag in der Domkirche im evangelisch-lutherischen Glauben. Seine Mutter, die ihn im pietistischen Geist erzog, wandelte seinen Namen gewöhnlich in „Manelchen" ab. Immanuel hatte einen jüngeren Bruder und vier Schwestern. Trotz seiner häufig angegriffenen Gesundheit überlebte er alle Geschwister, bis auf eine Schwester. Das geschwisterliche Verhältnis war problematisch. Obwohl Kant mit seinen Schwestern am gleichen Ort lebte, sprach er 25 Jahre lang nicht mit ihnen. Das Leben im Elternhaus war geprägt durch Bibelgläubigkeit und Gebetsfrömmigkeit. Die Erziehung im Collegium Fridericianum ab 1732 und das geistige Klima an der Königsberger Universität, die der junge Kant später besuchte, waren bestimmt von dieser lokalspezifischen Mischung aus pietistischem Protestantismus und rationalistischer Schulphilosophie.

Der Weg zum Universitätsprofessor war für den aus ärmlichen Verhältnissen stammenden Kant steinig und verlief auf Umwegen. Bevor er mit 46 Jahren endlich den Philosophie-Lehrstuhl in Königsberg besetzen konnte, hatte der eigenwillige junge Mann, der mit einer lateinischen Abhandlung über das Feuer promoviert wurde, mehrere Angebote anderer Universitäten abgelehnt. Kant ist ein strukturierter Denker, doch er verfasst Texte, die es seinen Lesern nicht leicht machen. Sie sich erfolgreich zu erarbeiten kann einem daher nicht nur neue Ideen, sondern auch echte Glücksgefühle bereiten. Kants Leben verlief gleichförmig und das sollte es für ihn auch. Seine Bescheidenheit und seine strenge Lebensführung wirken wie ein Widerspruch dazu, dass Kant überzeugt davon war, als Wissenschaftler das Geheimnis des menschlichen Seins mit einem universalen Gesetz menschlichen Denkens und Handelns erklärt zu haben. Eine der Voraussetzungen hierfür war Struktur, so dass Kants Maxime lauten könnte: Selbstdisziplin im Denken und im Tun. Seine christliche Überzeugung hatte ebenfalls einen wichtigen Anteil an der Philosophie des Königsberger Professors. Was erkennen wir von der Wirklichkeit um uns herum und wie können wir sie erkennen, fragte sich Kant und kam zu dem Ergebnis: Zur Erkenntnis führt die Beurteilung der außerhalb des Menschen liegenden Dinge sowohl durch den Geist als auch durch die eigenen Erfahrungen.

Es ist moralisch notwendig, das Dasein Gottes anzunehmen.

Ausgangspunkte hierzu sind Fragen nach Ursache und Wirkung oder nach den Vorstellungen von Raum und Zeit. Dies beschrieb Kant in seiner berühmten Schrift „Kritik der reinen Vernunft". Es ging ihm auch um das Metaphysische, das in der sichtbaren Wirklichkeit und hinter dieser wirkt. *Würde der Mensch aufhören, über sich und die endliche Welt hinaus zu fragen, so würde er sein Menschsein einbüßen und in Barbarei und Chaos versinken.* Der Philosoph ermunterte stets alle zum Selbstdenken. Der Mensch ist für ihn nicht bloß ein denkendes, sondern auch ein handelndes Wesen, das auf diese Weise in der Lage ist, eigene Erfahrungen zu machen und das eigene Handeln zu reflektieren. „Was soll ich tun?" ist die grundlegende Frage der kantschen Ethik. Sein inzwischen zumindest dem Titel nach sprichwörtlicher „kategorischer Imperativ" ist einer der bekanntesten Prüfsteine moralischen Handelns und wird oft wie folgt zitiert: „Handle nur nach derjenigen Maxime, durch die du zugleich wollen kannst, dass sie ein allgemeines Gesetz werde."

Seine theoretische Auseinandersetzung mit dem Metaphysischen hielt Kant nicht davon ab, die Bibel als Grundlage des christlichen Glaubens sehr ernst zu nehmen. Er sagte: „Die Bibel ist das Buch, dessen Inhalt selbst von seinem göttlichen Ursprung zeugt. Die Bibel ist mein edelster Schatz, ohne den ich elend wäre." Der Philosoph nahm an, dass der Mensch oft da irre, wo es sich um die stärksten Interessen seines Geistes handele, hauptsächlich in den Fragen nach Gott, nach Freiheit und Unsterblichkeit. Zeitgenossen verübelten Kant, dass er allzu frei über Religion schrieb.

Große Denker vor Kant – wie Platon und auch Thomas von Aquin – hatten angenommen, Gott objektiv erkennen zu können. Auch zum Thema des Gottesbeweises, wie ihn Thomas von Aquin vorgelegt hatte, entwickelte er einen eindeutigen Standpunkt. Kant lehnte sowohl die menschliche Vernunft als auch die menschliche Erfahrung als Grundlage für einen Beweis ab, dass Gott existiert. So sei es für die Vernunft des Menschen zugleich wahrscheinlich und unwahrscheinlich, dass es einen Gott gibt. Glaubensvorstellungen – wie der Glaube an die Existenz Gottes, an die Unsterblichkeit der Seele und den menschlichen freien Willen – sah Kant vielmehr als essenzielle Grundlagen menschlicher Moral. Er formulierte daher: „Es ist moralisch notwendig, das Dasein Gottes anzunehmen." Kant und seine Forschungen werden in der Theologie auf protestantischer wie auch auf katholischer Seite seit dem ausgehenden 18. Jahrhundert diskutiert.

Im fortgeschrittenen Alter wurde Kant zunehmend pedantisch und entwickelte einen außerordentlichen Sinn für Pünktlichkeit. Seiner Umgebung erschien er dabei als Ausbund von Pflichtgefühl und preußischer Gründlichkeit. *Alles an der täglichen Routine hatte bei Kant seinen festen Rhythmus* und war bestimmt vom Verlangen nach Arbeitsruhe und von strenger Selbstdisziplin. So ließ er sich jeden Morgen um 4.55 Uhr von seinem Diener mit den Worten „Es ist Zeit!" wecken. In

seiner Nachbarschaft hieß es, nach den Ausgehgewohnheiten des Professors könne man die Uhren stellen. Kant ging nachmittags immer allein spazieren. Einiges mutet auch etwas seltsam an: So hatte er die Angewohnheit, sich jeden Abend vor dem Schlafen auf eine bestimmte Weise in mehrere Decken einzuwickeln. Ein kompliziertes Unterfangen, bei dem er auf die Hilfe eines Dieners verzichtete. Aus diesem Kokon entsprang dann am nächsten Morgen der Philosoph gleich einem Schmetterling aufs Neue. Kant konnte auch gesellig sein. Beim täglichen Nachmittagsempfang seiner Gäste gab es allerdings ein thematisches Tabu: Philosophisches.

Wir sind nicht auf der Welt, um glücklich zu werden, sondern um unsere Pflicht zu erfüllen.

Immanuel Kant, dessen Denken als Höhepunkt der neuzeitlichen Aufklärung gilt, starb als Junggeselle mit achtzig Jahren am 12. Februar 1804 in Königsberg. Er hatte die Stadt Zeit seines Lebens nur selten verlassen. „Es ist gut" sollen seine letzten Worte gewesen sein. Er wurde in der Königsberger Professorengruft beigesetzt. Mit ihm endete die Epoche der Aufklärung in der Philosophiegeschichte. Auf seinem Grabstein ist einer seiner bekanntesten Sätze zu lesen: „Zwei Dinge erfüllen das Gemüt mit immer neuer und zunehmender Bewunderung und Ehrfurcht, je öfter und anhaltender sich das Nachdenken damit beschäftigt: der bestirnte Himmel über mir(,) und das moralische Gesetz in mir."

Markus Bechtold

Wie stehen Sie
zur Bibel?

○ Einige Stellen mag ich sehr.

○ Die Bibel gibt meinem Leben Richtung.

○ Die Bibel ist ein Stück Weltliteratur.

○ Ich befolge, was in der Bibel steht.

Die Bibel ist die Heilige Schrift des Christentums. Doch wie geht man mit ihr um? Anders als andere heilige Schriften ist die Bibel nicht die Offenbarung Gottes selbst, sondern sie ist das Zeugnis der Offenbarung Gottes. Das unterscheidet die Bibel zum Beispiel vom Koran. Nach christlichem Verständnis hat sich Gott den Menschen nicht in einem Buch, sondern einmalig und endgültig in Jesus Christus offenbart. Davon zeugt die Bibel in den Schriften des Alten und des Neuen Testaments. Die Frage nach dem persönlichen Umgang mit der Bibel ist damit aber nicht beantwortet.

Die Bibel kann für einzelne Menschen ganz unterschiedliche Bedeutung haben. Für engagierte Christen ist sie die Grundlage ihres Handelns. *Die Zehn Gebote sind für viele ein Maßstab. Allerdings stehen allein in den fünf Büchern Mose 613 Vorschriften, von denen Christen in der Regel nicht einmal einen Bruchteil befolgen.* Jesus antwortete auf die Frage, welches das höchste Gebot sei: „Du sollst den Herrn, deinen Gott, lieben von ganzem Herzen, von ganzer Seele und von ganzem Gemüt" und „Du sollst deinen Nächsten lieben wie dich selbst" (Matthäus 22,37 – 39). Dieses Doppel-

gebot der Liebe ist der Maßstab, an dem sich alle anderen Regeln messen lassen müssen.

Das bedeutet, dass ein gläubiger Christ immer wieder schauen muss, welche Schlüsse er aus dem zieht, was die Bibel sagt. In der Bibel steht nirgends, dass man kein Fleisch essen dürfe. Dennoch kann man mit gutem Grund behaupten, dass es im Sinne der Bibel sei, kein Fleisch zu essen, weil man auf diese Weise seine Mitgeschöpfe schont. **Albert Schweitzer** wurde zum Vegetarier, weil er so für die Schonung der Tiere eintreten wollte – ohne dass der fromme Schweitzer das aus der Bibel abgeleitet hätte.

Mehr zu Albert Schweitzers Umgang mit der Bibel ab Seite 32

Mehr vom politischen Engagement von Dorothee Sölle ab Seite 176

Für **Dorothee Sölle** enthielt die Bibel den klaren Aufruf, sich politisch zu engagieren. Wenn Jesus dem reichen Jüngling sagt, er solle seinen Reichtum den Armen geben, dann spricht er damit auch direkt zur Mittelschicht der „1. Welt". Diese Auffassung äußerte sie vor der Vollversammlung des Ökumenischen Rates der Kirchen in Vancouver im Jahr 1983.

Die Bibel ist für viele Christen vor allem auch ein Kulturgut. Während der Reformationszeit wurde sie nicht nur in viele Volkssprachen übersetzt, sie wurde auch geradezu massenweise gedruckt. *Allein bis zum Tod Luthers im Jahr 1546 erschienen über 400 verschiedene Ausgaben der Lutherbibel in einer Gesamtauflage von einer halben Million Exemplaren.*

Der Buchdruck revolutionierte im 16. Jahrhundert das öffentliche Leben. Alphabetisierung und Bildung erfuhren einen ungeheuren Schub. Reformatorische

und humanistische Schriften und Ideen konnten sich
Dank der neuen Technik verbreiten.

Martin Luther war nicht der Erste, der die Bibel ins
Deutsche übersetzte, aber seine Übersetzung schaffte
es, gleichzeitig verständlich zu sein und stil- und sprach-
bildend zu wirken. Die Lutherbibel ist ein wichtiger
Meilenstein auf dem Weg zur hochdeutschen Sprache.
Sie wurde viele Male überarbeitet und revidiert und
wird bis heute in den evangelischen Gottesdiensten verwendet. Die Geschichten der Bibel sind vielen Menschen
bekannt, selbst wenn sie niemals in einer Kirche waren.

Für die evangelische Kirche ist die Bibel in jedem
Fall die Grundlage für alles theologische Denken, und
auch alles Handeln muss sich an ihr messen lassen.
Ein Beispiel: Für die einen ist Homosexualität eine Ver-
irrung, weil es in der Bibel eine Stelle gibt, die sagt, ein
Mann dürfe nicht bei einem anderen wie bei einer Frau
liegen (3. Mose 18,22). Andere betonen, dass die Bibel
erzählt, dass Jesus die Liebe über alles andere stellt. Darum könne die Liebe zwischen zwei Männern in Jesu
Augen nichts Schlechtes sein. Beide Seiten beziehen sich
auf die Bibel, haben aber unterschiedliche Vorstellungen
davon, was die Bibel aussagt. Immanuel Kant empfand
die Bibel als seinen „edelsten Schatz". Er war sich sicher,
dass sie göttlichen Ursprungs ist. Zugleich war er der
Auffassung, dass der Mensch dort die größten Fehler
macht, wo es um die ganz großen Themen geht – zum
Beispiel um Gott. Was die Bibel tatsächlich ist, entschei-
det sich an der Person, die sie liest.

Sie begegnen einem Bettler auf der Straße.
Wie ist Ihre Reaktion?

◯ Ich gebe ihm ein paar Münzen und gehe weiter.

◯ Ich gebe ihm nichts, weil ich lieber für Hilfsprojekte spende.

◯ Ich frage mich, ob er zur Bettlermafia gehört.

◯ Ich beginne ein Gespräch mit ihm.

„**Arme habt ihr allezeit um euch;** mich aber habt ihr nicht allezeit." Das sagte Jesus in einer Kontroverse, die damit begann, dass eine Frau ihm in geselliger Runde kostbares Öl über den Kopf goss. „Verschwendung!", riefen einige, die das sahen, „das Geld hätte man den Armen geben können!" Für das Christentum war der richtige Umgang mit armen Menschen immer ein Thema. Jesus selbst hat davon gelebt, was andere ihm gaben. Er und seine Jünger ließen sich von Menschen einladen und finanziell unterstützen. *Die ersten christlichen Gemeinden folgten dem Beispiel der Besitzlosigkeit* und teilten alles, was sie hatten, mit anderen. Das war einer der Gründe dafür, dass sich das Christentum schnell ausbreitete. Die Christen waren überzeugt, dass es nicht lange dauern werde, bis Christus zurückkehrt und Gott seine neue Welt errichtet, in der irdischer Besitz keine Rolle spielt. So fiel es vielen leicht, sich von allem zu trennen.

Als die Wiederkunft Christi auf sich warten ließ und das Christentum sich in der Welt einrichtete, veränderte sich innerhalb der jungen Kirche auch das Verhältnis zu Geld und Besitz. Dennoch blieb Armut weiterhin für viele Christen ein Ideal und wurde als Zeichen für die Anwesenheit Gottes in der Welt verstanden. Als Gott in Jesus Christus auf der Welt wirkte, war er selbst arm. Wer als sein Nachfolger arm ist, verlängert auf diese Weise sozusagen Werk und Wirken Jesu. Die im frühen Mittelalter entstehenden Mönchsorden verstanden ihre gemeinschaftliche Armut als sichtbares Zeichen, dass Gott weiterhin in dieser Welt ist.

Die Kirche ging einen anderen Weg als die Orden. Sie wollte die Anwesenheit Gottes in der Welt nicht zuletzt dadurch sichtbar machen, dass man entsprechend beeindruckende Gebäude errichtete: Für Gott ist das Beste gerade gut genug. Auch hier konnte man sich auf Jesus berufen, der es guthieß, als ihm eine Frau kostbares Öl über den Kopf goss. *Je prunkvoller aber die Kirchen wurden, desto größer wurde auch der Widerstand gegen diese Art, Gott zu loben. Die Bettelorden entstanden, und viele Mönchsorden reformierten sich, um dem Ideal der Armut wieder näher zu kommen.* Martin Luther gehörte zum Orden der Augustiner, das war ebenfalls ein „Bettelorden". Seine Kritik am Ablasshandel darf man aber nicht allein als Kritik am Reichtum der römischen Kirche verstehen. Luther kritisierte den Ablasshandel, weil Christen die Gnade Gottes nicht kaufen können. Luthers spätere Frau, **Katharina von Bora**, gehörte ebenfalls einem Orden an, bevor sie sich entschloss, aus ihrem Kloster zu fliehen. Nach ihrer Flucht war sie völlig mittellos. Auf Dauer konnte sie nur überleben, wenn sie heiraten würde. Als Katharina von

Mehr von Katharina von Boras Organisationstalent ab Seite 152

Bora schließlich mit Martin Luther die Ehe einging und begann, dessen großen Haushalt zu verwalten, stellte sie sich als geschickte Organisatorin und Verwalterin heraus. Sie versorgte immer auch eine große Schar von Gästen, die zu Besuch kamen.

Mehr von Albert Schweitzers Einsatz gegen die Armut ab Seite 32

Dass man bedürftigen Menschen nicht nur aus Mitleid ein wenig von dem abgeben soll, was man ohnehin überhat, sondern man vielmehr die Pflicht hat, ihnen zu helfen, machte **Albert Schweitzer** unmissverständlich klar. *Für Schweitzer stand fest: Der Reichtum der Reichen entsteht durch die Ausbeutung der Armen.* Das gilt nicht nur vor der eigenen Haustür, sondern global. Der Kolonialismus seiner Zeit sorgte in den Ländern des Südens für Armut, Krankheit und Not. Diese Not zu lindern, hieß für Schweitzer darum nicht, Almosen zu geben, sondern das Leid zu sühnen, das man ihnen angetan hatte. Darum ging er nach Afrika, um vor Ort zu helfen. Auch Menschen wie **Dorothee Sölle** wiesen immer wieder darauf hin, dass Armut kein Zufall ist: Es verdient jemand daran, wenn andere arm sind. Darum kann es nicht allein darum gehen, Not zu lindern. Die Armut selbst muss bekämpft werden, und das geschieht nicht durch Spenden, sondern durch politisches Engagement.

Mehr zu Dorothee Sölles kämpferischer Theologie ab Seite 176

Man muss nicht selbst auf jeden Besitz verzichten, um anderen zu helfen, aber wie man mit Menschen in Not umgeht, sagt etwas über den eigenen Glauben aus.

Johann Hinrich Wichern
(1808 – 1881)

Johann Hinrich Wichern steht für Christen, die sich von
dem Elend der Welt anrühren lasen und neue Wege finden,
etwas gegen dieses Elend zu tun. Er war fest davon überzeugt, dass der Glaube an Gott rettet und Gutes tun lässt.

> **Was man will,
> muss man ganz wollen,
> halb ist gleich nichts!**

Der Hamburger Stadtteil St. Georg war noch nie ein besonders vornehmes Quartier. Als der Ort noch nicht zur Stadt Hamburg gehörte, brachte man hier alles hin, was man innerhalb der Stadtmauern lieber nicht haben wollte. Hier entstand im Mittelalter ein Leprahospital vor den Toren der Stadt. Hier wurde der Pestfriedhof angelegt, hier stand der Galgen von Hamburg, und immer wieder wurde hier das Gewerbe untergebracht, das man innerhalb Hamburgs nicht haben wollte, weil es anrüchig war oder im wörtlichen Sinne stank. Im 19. Jahrhundert war St. Georg endgültig ein Armenhaus. Während die Hansestadt blühte und die Kontore sich mit Geld und kostbaren Gütern füllten, mussten die Kinder aus St. Georg um ihr Überleben kämpfen.

Sie prostituierten sich oder wurden kriminell, manche stahlen Knochen aus den Gräbern des Armenfriedhofs, um sie an Seifenkocher zu verkaufen.

Johann Hinrich Wichern bekam von diesem Elend zunächst wenig mit. Er besuchte erst eine Privatschule in einem besseren Stadtteil und später das ehrwürdige Johanneum. Wichern erzählte, er habe bereits als Jugendlicher während seines Konfirmandenunterrichts eines Abends ein Bekehrungserlebnis gehabt, das sein Leben von nun an bestimmen sollte. Dem jungen Johann wurde mit einem Schlag klar, wie sehr Gott die Menschen liebt und dass er sie unbedingt retten will. An diesem Grundsatz richtete Wichern sein ganzes Leben aus. Nach seinem Abitur studierte er Theologie in Göttingen und Berlin und kam schließlich 1832 nach Hamburg zurück. Schon in Berlin hatte er sich einem christlichen Kreis angeschlossen und sich um die Armen der Stadt gekümmert. In Hamburg nun wurde er Lehrer an der Sonntagsschule in St. Georg. *Das Elend und die Verwahrlosung, die er dort kennenlernte, waren ungeheuerlich.* Wichern überlegte: Wenn Gott die Menschen retten wollte, dann müsste man Menschen doch auch aus solch schlimmen Verhältnissen retten. Wichern schloss sich einem Besuchskreis an, um die Eltern seiner Schüler zu besuchen. Er schrieb Protokolle über die gesundheitlichen und familiären Missstände und sammelte Unterstützer unter den wohlhabenden Bürgern Hamburgs, um dieser Not etwas entgegenzusetzen. Bereits ein Jahr später – Johann Hinrich

Wichern war gerade einmal 25 Jahre alt – hatte er es geschafft, ein „Rettungshaus" für Jugendliche zu gründen und zu finanzieren. Zwölf Jungen zogen in das „Rauhe Haus" vor den Toren Hamburgs ein.

> *Die Liebe hat ein scharfes Auge, alles zu sehen.*

Für Wichern war es eigentlich eine einfache Gleichung: Gott liebt die Menschen so über die Maßen, dass er in Jesus Christus Mensch geworden ist. Nur so konnte Gott die Menschheit retten, indem er einer von ihnen wurde. Jeder Christ, der das erkennt, wird sich ebenfalls an die Rettung seiner Mitmenschen machen. Das bedeutete zunächst, dass alle Kinder und Jugendlichen, die in das Rauhe Haus einzogen, von vorn anfangen durften. Was immer sie vorher getan hatten, spielte hier keine Rolle mehr. Wichern gab ihnen allen eine neue Chance, wie Gott allen Menschen eine neue Chance gibt. *Nach Wicherns Verständnis hat jeder Mensch die Möglichkeit, sich für das Gute oder das Böse zu entscheiden.* Damit sich seine Schützlinge aber für das Gute entscheiden konnten, brauchten sie soziale Fürsorge, Bildung und die frohe Botschaft des christlichen Glaubens. All dies wurde ihnen im Rauhen Haus ge-

boten: Das Leben hier war strukturiert wie in einer Familie. So war es kein Wunder, dass Wichern bereits im ersten Jahr seine Schwester und seine Mutter mit einziehen ließ. Bald wurden weitere Gruppen und Häuser um das Rauhe Haus herum gegründet. Die Leiter dieser Häuser bildete Wichern selbst aus. Bald wurden auch Mädchen aufgenommen, und die erste weibliche Mitarbeiterin, Amanda Böhme, wurde Wicherns Frau.

Es blieb nicht bei Hamburg. Johann Hinrich Wichern verstand das Evangelium von Jesus Christus als die Geschichte Gottes, der sich vom Himmel auf die Erde, also „nach unten" bewegt, um die Menschen zu erlösen. Nach Wichern muss der Glaube an diesen Gott jeden Menschen auch dazu bringen, diese unglaublich große Liebe Gottes als Nächstenliebe weiterzugeben, und zwar ebenfalls „nach unten" zu den Menschen in Not und Verwahrlosung. Überall in Deutschland sollten „Werke rettender Liebe" entstehen, wie er sie in Hamburg initiiert hatte. Mit 40 Jahren hielt Wichern auf einer Versammlung der evangelischen Kirchen in Wittenberg eine aufrüttelnde Rede. Es gibt keine Abschrift dieser Rede, doch aus dem Protokoll lässt sich erahnen, wie mitreißend und leidenschaftlich Wichern für die Gründung eines „Centralausschusses für die Innere Mission der deutschen evangelischen Kirche" warb. Tatsächlich waren für Wichern all die Werke, die gegründet wurden, um Menschen aus ihrer sozialen Not zu helfen, gleichzeitig Missionswerke, die nicht nur die materielle Verwahrlosung der Menschen bekämpfen sollte, sondern auch ihre geistliche. Dass Wichern den Adventskranz erfunden hat, ist heute vielen Menschen bekannt. Er wollte den Kindern und Jugendlichen im Rauhen Haus das Warten auf Weihnachten erträglicher machen, indem er auf einem großen aufgehängten Rad ab dem ersten Advent jeden Tag eine neue Kerze anzünden ließ – und an den Adventssonntagen eine besonders große. Zu den Geschenken aber, die die Kinder zu Weihnachten erwarten durften, kamen Gebete, Lieder, Geschichten aus der Bibel selbstverständlich hinzu. Den Kindern wurde Lesen beigebracht – natürlich, damit sie einen Beruf erlernen konnten, aber nicht zuletzt, damit sie die Bibel lesen konnten. Diese „Innere Mission", wie Wichern sie praktizierte, war darum auch ein Gegenentwurf zum aufkommenden Sozialismus. Dieser wandte sich gegen den christlichen Glauben. Für Marx verstärkten Kirche und christlicher Glaube das Unrecht, für Wichern war der Glaube ein Antrieb, das Unrecht zu bekämpfen, allerdings in Strukturen, die über die verfasste Kirche hinausgingen.

Der Wirkungskreis der „tätigen Nächstenliebe" Wicherns wurde größer und größer. Zum Beispiel ließ er sich vom preußischen König Friedrich Wilhelm IV. damit beauftragen, den Strafvollzug in den preußischen Gefängnissen zu reformieren. Das führte schließlich dazu, dass er in Berlin die Ausbildung von Gefängnisaufsehern übernahm. Die Aufseher gingen durch die gleiche Schule wie die Leiter der Häuser für Jugendliche. Das führte zu scharfen Angriffen in der Öffentlichkeit, denn auf diese Weise vermischten sich staatliches und religiöses Handeln auf ungute Weise. Wicherns Engagement für Strafgefangene konnte so nicht weitergehen.

Jede Arbeit soll zuerst mit dem Herzen, dann mit den Händen oder mit der Zunge geschehen.

Wicherns „Centralausschuss für die Innere Mission der deutschen evangelischen Kirche" ist zum Vorläufer des heutigen Diakonischen Werks geworden. Diakonie bedeutet „Dienst" am Menschen. Das Diakonische Werk besteht wie zu Wicherns Zeiten aus verschiedensten Einrichtungen, in denen Menschen darum geholfen wird, weil Gott die Menschen so sehr geliebt hat. Die diakonischen Einrichtungen – seien es Beratungsangebote, Krankenhäuser, Pflegeeinrichtungen, Obdachlosenprojekte oder Jugendeinrichtungen – sind sämtlich evangelisch. Dennoch sind es nicht unbedingt „kirchliche" Einrichtungen. Die Hilfsangebote können eigenständige Vereine oder Gruppen sein, die nicht zur evangelischen Kirche gehören. Ihr Grundverständnis richtet sich nach wie vor an dem christlichen Menschenbild aus, das schon Johann Hinrich Wichern lehrte: Der Mensch ist ein geliebtes Geschöpf Gottes. Kein Mensch ist jemals so verloren, dass man nicht versuchen könnte, ihn zu retten. Alle verdienen immer wieder eine Chance. Die Diakonie ist heute eine von mehreren nichtstaatlichen Organisationen in Deutschland, die sich um die Wohlfahrt, also um das Wohlergehen von Menschen in Not kümmern. Wie das Rote Kreuz, die Caritas oder die Arbeiterwohlfahrt ist die Diakonie ein Verein mit einer Tendenz. Das meint ein bestimmtes Selbstverständnis, aus dem sich unterschiedliche Schwerpunkte ergeben. Der Staat unterstützt diese Arbeit, weil sie die Vielfalt der Gesellschaft widerspiegelt. Die Gründe, warum man Menschen hilft, werden von den verschiedenen Wohlfahrtsverbänden unterschiedlich formuliert. Aber alle sind darin verbunden, Not zu lindern, ohne selbst dadurch reich zu werden.

Johann Hinrich Wichern hat den Menschen seiner Zeit und im Besonderen auch der evangelischen Kirche den Blick nach unten neu beigebracht. Seine Frömmigkeit hat dazu geführt, dass sich die evangelische Kirche bis heute in sämtlichen gesellschaftlichen Bereichen für Menschen in Not engagiert.

Frage 9

Welche Aussage über Gott ist *Ihnen am wichtigsten?*

- ◯ Gott liebt die Menschen über alle Maßen.

- ◯ Gott ist gerecht.

- ◯ Gott begegnet mir in meinen Mitmenschen.

- ◯ Gott ist der allmächtige Schöpfer.

- ◯ Gott offenbart sich auch in anderen Religionen.

Die Vorstellung davon, wie Gott ist, wo man Gott finden kann, ist höchst individuell. Natürlich gibt es Glaubensbekenntnisse. Natürlich lernen Konfirmanden mindestens das sogenannte Apostolische Glaubensbekenntnis und kennen es meistens sogar auswendig: „Ich glaube an Gott, den Allmächtigen, den Schöpfer des Himmels und der Erden ..." Doch was sich die Einzelnen unter diesen Worten jeweils vorstellen, ist so verschieden wie die Menschen selbst. Außerdem: Die Art und Weise, wie ein Mensch seinen Glauben lebt, prägt auch sein Gottesbild. Eine zutiefst gläubige Christin war beispielsweise die Gräfin **Aemilie Juliane von Schwarzburg-Rudolstadt.** Schon als Kind musste sie den Tod ihrer Eltern erleben. Immer wieder starben Menschen, die ihr nahe waren, auch ihre eigene Tochter. Für Gräfin Aemilie war klar, dass Gott sie in all dem Elend nicht verlässt. *Gott liebt die Menschen über alle Maßen, er begleitet alle, bis in den Tod und darüber hinaus.* Diesen Gedanken formulierte und variierte sie immer wieder in den Liedern und Gedichten, die sie verfasste.

Für eine Frau wie Elisabeth Schwarzhaupt, die sich lange und engagiert für die Gleichberechtigung von

Mehr über die Schicksalsschläge von Aemilie Juliane ab Seite 96

Männern und Frauen einsetzte, war vermutlich wichtig, dass Gott ein gerechter Gott ist und keine Unterschiede zwischen den Menschen macht. Gottes Liebe schafft einen Ausgleich, der in den Augen von Menschen sogar als ungerecht empfunden werden kann, wie die Geschichte von den „Arbeitern im Weinberg" (Matthäus 20) deutlich macht. Alle bekommen das, was sie brauchen, auch wenn einige mehr dafür gearbeitet haben als andere. Diese Gerechtigkeit Gottes ist für viele Menschen die wichtigste Eigenschaft Gottes. So war es auch für den Pastor und Bürgerrechtler **Martin Luther King**, der in den USA für die Gleichberechtigung der schwarzen Bevölkerung kämpfte. Für ihn wie für viele andere gilt: Gott will Gerechtigkeit, darum müssen auch die Menschen für sie eintreten.

Mehr zu Martin Luther Kings Kampf für Gerechtigkeit ab Seite 44

Mehr zu Bachs Vorstellung von Gott und der Musik ab Seite 112

Gott kann man auch sehen, weil man seine Mitmenschen sieht und sich für sie einsetzt. Gottesdienst kann also auch Dienst am Nächsten sein. Menschen, die sich aus ihrem Glauben heraus für andere einsetzen, sehen im Gesicht ihres Gegenübers Gottes Gesicht.

Gott ist nach christlichem Verständnis nicht nur Mensch geworden, sondern er ist auch der Schöpfer von allem, das existiert. Beides zusammenzudenken ist ausgesprochen schwierig, weswegen die meisten gläubigen Menschen eher den einen oder den anderen Aspekt betonen. **Johann Sebastian Bach** zum Beispiel hat versucht, die Schöpfung Gottes musikalisch abzubilden. Seine Musik ist so etwas wie ein großes Lob des Schöpfers für die Tatsache, dass unsere Welt von Gott so wohl eingerichtet ist und wir Menschen auf ihr leben können. *Als Schöpfer erscheint Gott den Menschen als unendlich und allmächtig. Das kann dazu führen, dass das eigene Verhältnis zu Gott dem eines Untertanen zu seinem König ähnelt.* Diese Haltung war und ist im Christentum weit verbreitet. Für eine junge Frau wie **Clara Schumann**, die von ihrem frommen Vater sehr streng erzogen wurde, war Gott sicher ebenfalls eine strenger Herrscher.

Mehr zu Clara Schumanns Vater ab Seite 56

Wenn Gott der Schöpfer von allem ist, dann kann man sich fragen: Warum gibt es andere Religionen? *Zeigt sich Gott auch in diesen Religionen?* Darauf gibt es die verschiedensten Antworten. Vielen Menschen ist es besonders wichtig, dass Gott sich so offenbaren kann, wie es ihm gefällt. Auch christliche Theologen wie **Albert Schweitzer** und Dorothee Sölle betonten, dass nicht nur die christliche Religion eine göttliche Offenbarung enthalten kann.

Mehr zu Albert Schweitzers Haltung ab Seite 32

Man kann die Frage danach, welcher Aspekt Gottes besonders wichtig ist, im Leben immer wieder anders beantworten. Viel hängt davon ab, vor welchen Aufgaben man gerade steht. Es ist aber hilfreich, sich diese Frage immer wieder zu stellen, um sich über die eigene Beziehung zu Gott und der ganzen Welt klar zu werden.

Aemilie Juliane Gräfin von Schwarzburg-Rudolstadt
(1637 – 1706)

Gräfin Aemilie Juliane war eine tiefgläubige lutherisch-pietistische Lieddichterin, die fast 600 geistliche Lieder geschrieben hat. In ihrem Werk verarbeitete sie den Tod von Eltern, Geschwistern und der eigenen Tochter.

> *Ich will mit dem, was mein,*
> *dir ganz ergeben sein;*
> *dein Flügel wird uns decken,*
> *verjagen alles Schrecken.*

„Ich bin Dein", sagt er, links auf dem Gemälde. „Du bist Mein", antwortet sie, auf der rechten Seite. Verliebt blicken die beiden einander in die Augen. Eine Kette legt sich um das Liebespaar – so fest gehören sie zusammen. Links auf dem Gemälde, das ist Christus, und die Frau an seiner Seite heißt Aemilie Juliane Gräfin von Schwarzburg-Rudolstadt. Das Bild aus dem späten 17. Jahrhundert trägt den Titel „Aemilie Juliane als Jesusbraut" und genau dies war wohl ihr sehnlichster Wunsch: im Leben und im Sterben nur Jesus zu gehören. Jeden Tag hielt die fromme Gräfin mindestens drei Andachten, sie schrieb Gebete und geistliche Lieder. Häufig verwendet sie Wörter wie Blut, Wunden, Kreuz, aber auch Liebe, Herz oder Lust. Aemilie Juliane war

„verliebt" in ihren Retter Jesus Christus. Eines ihrer Lieder lautet:

> *Du allerliebster JEsu du! wie groß ist deine Liebe!*
> *ich sehe dich in diesem Nu aus blossem Liebes=Triebe,*
> *mit offnem Herz und offner Seit den ganzen Schatz*
> *der Seligkeit im Abendmahl austheilen.*
>
> *Dein Mund weist, wie dein Herz gesinnt, er ruft aus*
> *Lieb und Gnaden: Zu mir! zu mir! wer voller Sünd,*
> *mühselig und beladen; kommt alle, kommt! ich bin*
> *allhier (ey! tretet doch nur her zu mir,) ja JEsus eurer*
> *Bruder.*
>
> *Die Lammes=Hochzeit ist bereit, ich will euch drauf*
> *erquicken, und meines Leidens Nutzbarkeit mit mir*
> *ganz in euch drücken: das ist mein Leib, das ist mein*
> *Blut, nehmt, eßt und trinkt, und wenn ihrs thut, so thut*
> *mirs zum Gedächtnis.*
>
> *(...)*
>
> *So komm ich denn, du meine Lust! zur angeneh-*
> *men Stunden, ich leg mein Haupt an deine Brust, ich*
> *saug aus deinen Wunden; Speiß mich und tränke gnä-*
> *diglich, und küsse, liebster Jesu! mich mit dem Kuß*
> *deines Mundes.* (Schuster, Aemilie Juliane)

Die fromme Gräfin verspürte eine tiefe Sehnsucht danach, ihre Seele mit Christus, ihrem „Bräutigam" zu vereinen. Diese unio mystica war für sie beim Schmecken und Kosten von Brot und Wein im heiligen Abendmahl, das im zitierten Lied besungen wird, erlebbar. Das Mahl war für Aemilie Juliane eine sinnliche und emotional erfüllende Erfahrung. Zugleich bedeutete das Sakrament auch Vergebung: Christus ist für sie das Lamm Gottes, das alle Sünden auf sich nimmt.

Die Gräfin griff mit ihrer erotisch gefärbten Sprache die Tradition spätmittelalterlicher Abendmahlsmystik auf, vertrat aber inhaltlich eine klare lutherische Theologie. Ihr Stil entsprach dem zeitgenössischen Ideal einer individuellen Frömmigkeit, zu der ein entsprechender Lebenswandel gehörte. Zum Christsein musste man sich bewusst entscheiden und diese Entscheidung immer wieder durch Hinwendung zu Gott aktualisieren. Der einzelne Mensch stand in einer persönlichen Verantwortung vor dem Schöpfer.

Als Kind genoss Aemilie Juliane gemeinsam mit ihren Pflegeschwestern eine intensive christliche Erziehung durch ihren Hauslehrer, den Juristen und Dichter Ahasver Fritsch. Zum Unterricht gehörten die Lektüre der Bibel und geistlicher Schriften, Latein, Rhetorik, Geschichte, Genealogie und Poesie. Die junge Gräfin lernte fleißig, damit *„alle diejenigen sollten widerleget werden, die da meinten, daß Weibsbilder zum Studiren keineswegs tüchtig seien“*. Schon als Jugendliche schrieb Aemilie Juliane Gebete und Gedichte. Als Erwachsene publizierte sie eigene Andachtsbücher, was für eine Frau dann doch ungewöhnlich war. Mit ihren Texten wollte sie die Menschen in Schwarzburg-Rudolstadt seelsorglich unterstützen und erreichen, dass sie sich Gott intensiver zuwandten, auch mit ganz alltäglichen Problemen. Ein Büchlein mit dem Titel „Geistliches Weiber=Aqua=Vit" zum Beispiel richtete sich speziell an Frauen: Das „Lebenswasser" enthielt Lieder und Gebete zu Themen wie Schwangerschaft, Geburt oder Kindstod und sollte Müttern Trost und Kraft spenden.

> *Bis hierher hat mich Gott gebracht durch seine große Güte, bis hierher hat er Tag und Nacht bewahrt Herz und Gemüte.*

Nach dem klösterlichen Motto „ora et labora" (bete und arbeite!) verband Aemilie Juliane ihre persönliche Spiritualität mit sozialem Engagement – ein typisches Merkmal pietistischer Frömmigkeit zu ihrer Zeit. Sie unterstützte Waisen, Witwen und Arme in ihrer Grafschaft. Damit erkannte sie an, dass Menschen unverschuldet in Not gerieten und christlicher Fürsorge bedurften. Auch für die Bildung setzte die Gräfin sich ein, indem sie eine Mädchenschule in Rudolstadt finanzierte, außerdem gab sie Geld für einen Kirchenbau. All das verstand Gräfin Aemilie Juliane nicht nur als ihre christliche Pflicht – Bildung, Kultur und kirchliches Leben waren ihr auch Herzensanliegen. Sie versuchte, ihre Frömmigkeitspraxis unter den Menschen in ihrer

Grafschaft zu etablieren. Die Bevölkerung verehrte die Gräfin von Schwarzburg-Rudolstadt als gute christliche Landesmutter.

Ihren eigenen Lebensweg betrachtete Aemilie Juliane vom Ende her: Der Tod wurde ihr zentrales Thema. Sie entwickelte eine ars moriendi (Kunst des Sterbens), indem sie Jesu Tod meditierte und sich so auf ihr eigenes Sterben vorbereitete. Die Gräfin hatte etliche Verluste in ihrer Familie zu erleiden: Als Aemilie Juliane vier Jahre alt war, starben innerhalb weniger Monate ihr Vater, Graf Albrecht Friedrich zu Barby und Mühlingen, und ihre Mutter Sophie Ursula. Aemilie Juliane wuchs bei ihrer Tante Aemilie Antonie Gräfin von Schwarzburg-Rudolstadt im Kreise ihrer vier Cousinen und ihres Cousins auf. Ihn, den Grafen Albert Anton von Schwarzburg-Rudolstadt, heiratete sie 1665. In der Zwischenzeit waren 1646 ihr Pflegevater Ludwig Günther und 1659 ihr leiblicher Bruder August Ludwig gestorben. 1668 dann musste Aemilie Juliane den Tod ihres zweiten Kindes verkraften: Die Tochter Albertina Antonia wurde nur zwei Tage alt. Im Jahr 1670 starb ihre Patin und Pflegemutter Gräfin Aemilie Antonie, 1672 drei ihrer vier Pflegeschwestern, in den folgenden Jahren ihre drei leiblichen Schwestern und schließlich die vierte Pflegeschwester.

Ihre Trauer verarbeitete Aemilie Juliane in dem Lied „Werde munter mein Gemüthe", in dem es heißt: „Ach! Ich bin alleine blieben / und mein gantz Geschlecht ist hin! Sollte mich das nicht betrüben / die ich nun die

Letzte bin?" Sie war die einzige Überlebende des Grafengeschlechts derer zu Barby und Mühlingen. Den vielfachen Tod in ihrer Familie verstand die Gräfin als ihr Kreuz, das sie tragen musste – und das sie dankbar anzunehmen hatte. Das Leiden, so meinte Aemilie Juliane, bringe sie dazu, sich Gott mehr zuzuwenden. Die Gräfin war voller Hoffnung, dass ihre sterbliche Seele eines Tages ganz mit Christus vereint sein würde.

Ihr Ventil für Gefühle und Sehnsüchte war das Schreiben: Sie verfasste Tagzeitenlieder, Wochenlieder, Lieder zum Kirchenjahr, Lieder über Buße, über die Passion Christi, Lieder zu den Themen Tod und Sterben, Abendmahl und Taufe. Ihre Lieder thematisieren aber auch, was die Menschen alltäglich beschäftigte, etwa Schwangerschaft und Entbindung. Aemilie Julianes Lieder sind Gebete, in denen die fromme Seele vor Gott über ihr Leben nachdenkt. Für den eigenen Gebrauch stellte sie ein Liederbuch zusammen, das Texte für jeden Tag und jede Tagzeit enthielt und in vier Wochen einmal durchgesungen war. Das Gesamtwerk der Gräfin wird auf fast 600 Lieder geschätzt, allerdings kann die Urheberschaft nicht für alle Texte einwandfrei geklärt werden. Teilweise griff sie auf bekannte Melodien zurück und formulierte die Texte um. Einige Lieder von Aemilie Juliane wurden schon zu ihren Lebzeiten in Gesangbücher aufgenommen. Im heutigen Evangelischen Gesangbuch sind zwei davon enthalten: „Bis hierher hat mich Gott gebracht" (EG 329) und „Wer weiß, wie nahe mir mein Ende" (EG 530).

Neben zahlreichen Liedern verfasste die Gräfin das „Glaubens=Bekänntniß der Braut des Lammes". Es baut auf dem Apostolischen Glaubensbekenntnis auf und zeigt ihr systematisch-theologisches Reflexionsvermögen. Anhand des Bekenntnisses wird deutlich, dass Aemilie Juliane ganz auf dem Boden reformatorischer Theologie stand: Sie bekannte sich klar zur Bibel, zur Erlösungsbedürftigkeit der Menschen und zum Prinzip der Rechtfertigung allein aus Gnade und Glauben. Die Frage nach dem eigenen Heil war für sie zentral – es konnte erlangt werden durch Buße, Beichte und Absolution, letztlich also durch die Erlösungstat Christi. Auch im „Glaubens=Bekänntniß" betonte die Gräfin die große Bedeutung des Abendmahls für ihren Glauben.

Nachdem sie Brot und Wein ein letztes Mal empfangen hatte, starb Aemilie Juliane Gräfin von Schwarzburg-Rudolstadt an einem Freitagnachmittag um drei Uhr – exakt zur Sterbestunde Jesu, wie in den Leichenpredigten hervorgehoben wurde. In dem Lied „Wird mein Bräutgam nicht bald kommen" hatte sie ihre Todessehnsucht so formuliert: „Jesu, meinen Geist nimm auf. Komm, mein Jesu, komm fein bald. Ich komm bald, dagegen schallt. *Komm, die Braut wart mit Verlangen, ihren Bräutgam zu empfangen.*" Im Sterben war Aemilie Juliane am Ziel ihres Lebens angekommen.

Anne Kampf

Jemand fragt Sie auf einer Party nach Ihrem Glauben.
Wie reagieren Sie?

○ Endlich eine Gelegenheit zu erzählen, was mir wirklich wichtig ist.

○ Ich sage, dass das kein Thema für Smalltalk ist.

○ Ich denke kurz nach und gebe knapp Auskunft.

○ Ich wechsle elegant das Thema.

Manche Ärzte erzählen, dass sie auf Partys ihren Beruf lieber verschweigen möchten, damit man sie nicht um Diagnosen oder Therapievorschläge bittet. Oder sie befürchten, sich lange Vorträge über die Erfahrungen mit anderen Ärzten oder über die Pharmaindustrie anhören zu müssen. Mit dem Glauben kann das ähnlich sein: Wer einen Beruf hat, der eindeutig zur Kirche gehört, wird feststellen, dass man ihn oder sie gern dazu befragt oder die eigene Meinung kundtut. Doch geht das nicht nur Menschen so, die beruflich mit der Kirche zu tun haben. Der Glaube ist etwas ausgesprochen Persönliches, und jeder Mensch kann sich dazu eine Meinung bilden. Und da der Glaube jeden Menschen so existenziell betrifft, eignet er sich auch hervorragend für emotionale Streitigkeiten. Aber wie ist das auf Partys? Sie sind in der Regel eher dazu da, sich auf ungezwungene Weise zu unterhalten. Hält man hier lieber den Mund? Oder nutzt man die Möglichkeit, die sich so bietet?

Viele Menschen würden sagen, der eigene Glaube sei kein Thema für Partys, sondern eine geradezu intime Angelegenheit. Andere sagen vielleicht, man spreche

Mehr zu
Elisabeths
Konflikten mit
den Katholiken
ab Seite 202

Mehr zu
Charlotte
Brontë und
ihrem Glauben
ab Seite 16

Mehr zu
Richard von
Weizsäckers
protestanti-
scher Haltung
ab Seite 126

darüber lieber nicht, weil das Anlass für Streit sein könne. Für Königin **Elisabeth I.** war der Streit zwischen Protestanten und Katholiken ein Konflikt, bei dem es buchstäblich um Leben und Tod ging. *Vermutlich wäre es niemandem eingefallen, sie bei einer Feierlichkeit „mal eben" nach ihrem Glauben zu fragen.* Wenn doch, hätte man wohl von Glück sagen können, wenn die Königin lediglich elegant das Thema gewechselt hätte.

Es kann auch sein, dass man ohnehin nicht recht weiß, was man sagen soll, wenn man nach dem Glauben gefragt wird. Möglicherweise kann man den eigenen Glauben nicht gut in Worte fassen. So lässt sich vorstellen, dass jemand wie Clara Schumann oder **Charlotte Brontë** eher ein wenig mit den Augen gerollt hätte, wäre sie auf einer Party nach ihrem Glauben gefragt worden. *Beide waren zwar von frommen Vätern erzogen worden, doch ließen sie in ihrem Leben nicht erkennen, dass sie ihren christlichen Glauben gern zum Thema machten.*

Von anderen Menschen wissen wir hingegen, dass der Glaube in ihrem Leben eine entscheidende Rolle spielte. Dennoch hätten sie sich bei einer Party wohl eher bedeckt gehalten, hätte man sie nach ihrem Glauben gefragt. Vermutlich hätte **Richard von Weizsäcker** eine eher knappe Auskunft gegeben oder die fragende Person darauf hingewiesen, dass dies nicht der richtige Rahmen für solche Themen sei. *Ob man gern über den eigenen Gauben spricht, hat eine Menge mit der*

Erziehung zu tun, die man erhalten hat. Wurde im Elternhaus eher unbefangen über den Glauben gesprochen, so war das später sicher auch möglich. Hinzu kommt natürlich die Bedeutung, die man dem eigenen Glauben beimisst. Wenn der eigene Glaube das Leben nicht nur bestimmt, sondern auch antreibt, wenn man den Drang in sich spürt, möglichst vielen Menschen davon zu erzählen, wie gut dieser Glaube tut, dann wird man kaum eine Gelegenheit auslassen, das auch zu tun.

Wenn jemand wie Martin Luther King oder **Dietrich Bonhoeffer** die Gelegenheit bekam, vom Glauben zu sprechen, so tat er es. Sowohl Bonhoeffer als auch Luther King zogen klare Konsequenzen aus ihrem Glauben. *Ihr Tun brachte sie in Gefahr und hatte schließlich sogar tödliche Folgen. Beide hätten nicht schweigen wollen und auch nicht schweigen können, weil sie aus ihrem tiefen Glauben heraus lebten.*

Mehr zu Dietrich Bonhoeffer und seinem Bekenntnis ab Seite 190

Es ist eine interessante Vorstellung, in einer geselligen Runde, in der man das gar nicht erwartet, nach so etwas Besonderem wie dem Glauben gefragt zu werden. Was würde man wohl antworten?

Vervollständigen Sie bitte diesen Satz:
Musik ...

○ ... soll Gott loben.

○ ... dient der Entspannung.

○ ... macht das Leben schön.

○ ... mache ich am liebsten selbst.

○ ... verändert das Leben.

Musik ist für die Reformation immer mehr gewesen als Unterhaltung. Sie war von Anfang an eine Form der Verkündigung, genauso wie das gesprochene Wort der Predigt. Im Hause Luther wurde viel gesungen und Luther selbst dichtete und komponierte Lieder zum Lobe Gottes. Kirchengemeinden gehören bis heute zu den ganz wenigen Einrichtungen, die professionelle Musikerinnen und Musiker einstellen. Organisten üben nach dem Verständnis der evangelischen Kirche wie Pastoren ein Verkündigungsamt aus.

Der Komponist **Johann Sebastian Bach** hat sich dieser Verkündigung wie kaum ein anderer gewidmet. Seine geistliche Musik ist bis heute so populär, dass man ihn immer noch den „Fünften Evangelisten" nennt. Seine Oratorien werden immer wieder mit großem Erfolg aufgeführt – entweder durch die Chöre der eigenen Kirchgemeinde oder durch eigene Chöre und manchmal auch Profimusiker. Musik ist für die evangelische Kirche nicht nur eine Art der Verkündigung durch Profis. Musik ist gemeinsamer Gottesdienst.

Die Bedeutung der Musik wird unterschiedlich eingeschätzt, auch zu ihr gibt es unterschiedliche Haltun-

Mehr zur Musik von Johann Sebastian Bach ab Seite 112

Mehr zu
Martin Luther
Kings Gewalt-
losigkeit
ab Seite 44

Mehr über
Clara Schu-
mann und
ihre Musik ab
Seite 56

Mehr über
Humor und
Musik bei
Hanns Dieter
Hüsch ab
Seite 164

gen. Man kann sie selbst machen oder konsumieren. Man kann sich zum Tanzen anregen lassen oder zum Träumen. Oder man nutzt Musik eben als ein Ausdrucksmittel, um andere zu begeistern. Das Lied „We Shall Overcome" der Bürgerrechtsbewegung in den USA war eine Art Hymne des gewaltlosen Widerstands gegen die Unterdrückung schwarzer Menschen. Auch **Martin Luther King** sang „We Shall Overcome" beim großen „Marsch auf Washington" am 28. August 1963. Dort hielt er auch seine berühmte Rede mit dem refrainartig wiederkehrenden Satz: „I have a dream." Das Lied wird bis heute immer wieder gesungen, wenn es darum geht, sich friedfertig gegen Unrecht zur Wehr zu setzen. „We Shall Overcome" hat mehr als einmal das Leben von Menschen grundlegend verändert.

Musik kann ein Leben vollständig bestimmen: **Clara Schumann** wurde schon als Kind von ihrem Vater im Klavierspiel unterrichtet. Sie wurde durch intensivstes Üben zu einer exzellenten Pianistin, und die Musik spielte in ihrem Leben offenbar in jeder Beziehung die führende Rolle. Ihr Mann war Musiker, sie verdiente ihr Geld mit Musik, sie lebte für ihr Publikum und ihre Kunst. Die Musik bestimmte sie mehr, als es ihr christlicher Glaube jemals tat. Ihre Hingabe an die Musik lässt sich durchaus als religiös bezeichnen.

Der Kabarettist **Hanns Dieter Hüsch** schrieb nicht nur Texte, er war auch Liedermacher und trat gerne mit seiner Philicorda-Orgel auf. Diese kleine elektrische Heimorgel war wie ein Symbol für seine verschmitzte

Art, mit dem Leben, mit Gott und der Kirche umzu-
gehen. Keine große Kirchenorgel mit tausend Pfeifen,
sondern ein eher unauffälliges Instrument, das aber
wenn nötig auch durchdringende Töne erzeugen
konnte. Hüschs Musik war Transportmittel für seine
Botschaft, und damit war er den Reformatoren sehr
nahe.

Das Komponieren von Musik liegt allerdings längst
nicht jedem Menschen. Es gibt viele Begabungen, und
Musik zu machen, ist eine davon. In christlichen Kirchen wird weiterhin viel gesungen, und dabei kommt
es nicht darauf an, ob jemand besonders gut singen
kann oder nicht. Durch den gemeinsamen Gesang
wird nämlich nicht nur Gottes Wort verkündigt. Es
steckt dahinter auch die Vorstellung, dass die ganze
Gemeinschaft der Heiligen – also alle Christinnen und
Christen aller Zeiten – mit ihren Stimmen gemeinsam
Gott lobt. Und dabei geht es nicht um die Qualität
des Gesangs, sondern darum, dass man mitsingt. Ob
Dietrich Bonhoeffer gut singen konnte oder nicht, ist
nicht überliefert. Allerdings ist eines seiner Gedichte
nach seinem Tode vertont worden, und es wird jedes
Jahr am Silvesterabend in vielen Kirchen gesungen:
„Von guten Mächten wunderbar geborgen, erwarten
wir getrost, was kommen mag. Gott ist mit uns am
Abend und am Morgen, und ganz gewiss an jedem
neuen Tag."

Mehr zu
Dietrich
Bonhoeffers
Leben und
seinen
Schriften ab
Seite 190

Johann Sebastian Bach
(1685 – 1750)

Musik bildet die göttliche Schöpfung und ihre wunderbare
Ordnung ab. Sie soll Gott loben und seine frohe
Botschaft verkünden. Johann Sebastian Bach erzählte
und predigte mit seiner Musik. Darum nennt man ihn
auch „den fünften Evangelisten".

> *Wem die Kunst das Leben ist, dessen Leben ist eine große Kunst.*

Gut 400 Kilometer zu Fuß durch halb Deutschland zum Studieren. Der Marsch des 20-jährigen Johann Sebastian Bach 1705 vom thüringischen Arnstadt nach Lübeck, um dort bei Dietrich Buxtehude, dem Orgelmeister an der Marienkirche, zu lernen, ist zur Legende geworden. Eine der berühmtesten Reisen in der Musikgeschichte. Sie bleibt die Ausnahme in einem Leben, das in engen geografischen Grenzen verläuft. Als Organist, Kapellmeister und Kantor hat Bach seine mitteldeutsche Heimat kaum verlassen – ganz anders als sein Altersgenosse Händel etwa, der in Italien studiert und sich später in London niederlässt.

Bachs innere Landkarte freilich kennt keine Grenzen. Als Spross einer Familie, die über mehrere Gene-

rationen hinweg Stadtpfeifer und Kirchenmusiker hervorbrachte, erlernt er das Musikhandwerk – also wie die Instrumente zu spielen sind, aber auch, wie man regel- und kunstgerecht komponiert – gleichsam auf natürliche Weise, vor allem von seinem 14 Jahre älteren Bruder Johann Christoph, in dessen Familie der junge Johann Sebastian nach dem Tod des Vaters aufwächst. Die Werke französischer und italienischer Komponistenkollegen lernt er durch Studieren und Abschreiben kennen und setzt sich schöpferisch mit ihnen auseinander – etwa durch die Bearbeitung von Vivaldi-Konzerten für die Orgel.

Doch neben dieser praktischen Musik gibt es noch die theoretische – eine wissenschaftliche Disziplin, welche „allein im Anschauen und tiefen Nachsinnen" besteht. Hier werden die mathematisch-physikalischen Grundlagen der Musik den als gültig erkannten Regeln und Proportionen des Kosmos zugeordnet. Im Mitteldeutschland des 18. Jahrhunderts ist die theoretische Musik noch tradiertes akademisches Bildungsgut und Teil der sieben freien Künste. Dort gehört sie zu den mathematisch geprägten Disziplinen der Arithmetik, Geometrie und Astronomie. Die praktische Musikausübung hat demgegenüber bei Grammatik, Rhetorik und Dialektik – den Redekünsten – ihren Platz.

Musik ist Abbild göttlicher Ordnung – diese ursprünglich antike Vorstellung, die von der mittelalterlichen Scholastik dann übernommen wurde, ist bei Bach noch präsent. Er huldigt ihr, indem er seinen

Werken Zahlenproportionen zugrunde legt, die aus der Bibel abgeleitet sind. Die „heiligen Zahlen" 3, 7, 10 oder 12 beziehungsweise Kombinationen aus diesen Zahlen lassen sich in der Konstruktion von Motiven, Abschnitten, Sätzen oder auch größeren Strukturen aufspüren. Sie bilden gleichsam ein untergründiges, symbolisch aufgeladenes Ordnungsprinzip. Den musikalischen Ordnungsrahmen füllt Bach bis zum Rand mit spätbarockem Ausdruck. Das Diesseits dringt in Gottes geordnete Schöpfung ein, die Klänge des Himmels mischen sich mit Jubel und Klage der unerlösten Kreatur. Alles soll in der Musik Platz finden. Auf diesem Weg lotet Bach die Grenzen seiner Kunst aus und erweitert sie. Die Dichte der polyphonen Verflechtungen, die Intensität und die Komplexität der vielschichtigen Partituren Bachs sind für zeitgenössische Ohren durchaus ungewohnt: Nicht alle goutieren das. Bach verschleiere die Schönheit seiner Musik „durch allzu große Kunst", so der Kritiker Johann Adolph Scheibe. Ein „schwülstiges und verworrenes Wesen" entziehe seinen Stücken ihre Natürlichkeit. Natürlichkeit, Einfachheit, Verständlichkeit – das sind Leitbegriffe einer durch die Aufklärung geprägten Ästhetik. Bachs Musik steht quer zu diesem Zeitgeschmack.

In seinen Kantaten wird Bach zum Prediger: Biblische Texte, freie Dichtungen und Choräle liefern ihm Sprachbilder als Vorlage zu vielschichtiger Ausdeutung. Die musikalische Rhetorik, die Heinrich Schütz nach dem Dreißigjährigen Krieg für den deutschen Sprach-

raum adaptiert hat, differenziert Bach weiter aus. Vielfältige musikalisch-rhetorische Figuren machen Musik zur Klangrede, in der religiöse Botschaften klingend – und für die Hörer der Zeit auch unmittelbar verständlich – ausgedrückt werden können.

Bei einer andächtigen Musik ist allezeit Gott mit seiner Gnaden Gegenwart.

Bach schreibt Musik nach eigenem Bekunden zur Ehre Gottes und zur Rekreation des Gemüts. „Bei einer andächtigen Musik ist Gott allezeit mit seiner Gnaden Gegenwart", notiert er an den Rand seiner Bibel. Die Musik selbst also wird zur Andacht, zur Trägerin einer metaphysischen Botschaft, sie bedarf dazu des Wortes nicht zwingend. Mit der lutherischen Vorstellung von der Musik im Dienst des Wortes, von den Tönen, die den Text lebendig machen, deckt sich das nicht mehr. Bei seinen orthodox geprägten Vorgesetzten an der Leipziger Thomaskirche ist Bach immer wieder angeeckt. Auch sie fanden seine Musik unverständlich, gekünstelt, überladen – opernhaft.

In seinen letzten Lebensjahren löst sich Bach zunehmend von seinen Pflichten als Kantor und komponiert Stücke ohne direkten praktischen Anlass. In diesen Spätwerken wie der h-moll-Messe oder der „Kunst der Fuge" erschließt sich noch einmal ein neues, noch weitgespannteres künstlerisches Universum. Musik für Kenner und Liebhaber – doch auch die bleiben zunächst oft ratlos. Oder gleichgültig wie Friedrich der Große, dem der greise Bach in Potsdam begegnet und sein „Musikalisches Opfer" widmet.

Bach wird vergessen und wiederentdeckt. Die eigentliche Wirkungsgeschichte seiner Musik beginnt erst rund hundert Jahre nach seinem Tod – mit der Wiederaufführung der Matthäuspassion durch Mendelssohn und der ersten Gesamtausgabe seiner Werke. Bachs Sohn Carl Philipp Emmanuel hatte viele Partituren des Vaters für die Nachwelt gerettet. Heute ist Bach ein Zentralmassiv in der Musiklandschaft, sein Werk hat den Status des Ewigen, Unvergänglichen erreicht. Für Albert Schweitzer kulminiert in Bachs Musik eine Entwicklung von mehreren Hundert Jahren. Auf der ganzen Welt ist Bach für viele Menschen wohl der Musiker schlechthin. Als „fünfter Evangelist" macht er die Musik zum Medium, durch das selbst abstrakte Glaubensinhalte sinnlich erfahrbar werden.

Jörg Echtler

Frage 12

Sind Glauben und Wissen *für Sie Gegensätze?*

 Ja.

Nein.

 Teilweise.

„Glauben heißt nicht wissen", sagt man gern im Scherz, wenn jemand zum Beispiel auf eine Frage mit „ich glaube schon" antwortet. „Glauben" hat in diesem Fall die Bedeutung von „vermuten", und dann ist es wirklich ein Gegensatz zu „wissen". Wenn es um den Glauben an Gott geht, könnte man diesen Gegensatz auch annehmen. Gott ist nicht beweisbar. Man könnte sagen: Wer glaubt, nimmt an oder vermutet, dass es Gott gibt. Wer Glauben so versteht, kann es schwerhaben mit dem Glauben an Gott, denn es widerspricht unseren Gewohnheiten, uns jemandem oder etwas zuzuwenden, den oder das wir nicht erfassen können. Sich auf eine Vermutung zu verlassen, ist sicher schwierig.

Man kann den Begriff „Glauben" allerdings auch ganz anders verwenden. Der überaus fromme Mensch mit Namen Hiob, von dem in der Bibel die Rede ist, erleidet die schlimmsten Schicksalsschläge. Anschließend sagt er den Satz: „Ich weiß, dass mein Erlöser lebt." (Hiob 19,25) *Für Hiob sind Wissen und Glauben keine Gegensätze, vielmehr sind sie ein und dasselbe. Für Hiob ist der Glaube an seinen Gott eben ein solcher Teil seiner Realität, dass es für ihn nicht infrage kommt, Gottes Existenz anzuzweifeln.* Dieses Verständnis des Begriffes „Glauben" teilt Hiob mit vielen Christinnen und Christen. Es kommt ihnen darauf an, dass sie eine persönliche Beziehung zu Gott haben. Sie erfahren Gott und müssen darum nicht vermuten, ob es Gott gibt. Glauben heißt für sie, diese Beziehung mit Gott zu leben.

Aemilie Juliane von Schwarzburg-Rudolstadt lebte im 17. Jahrhundert und musste ähnlich wie Hiob viele Schicksalsschläge erleiden. Der Tod geliebter Menschen war ihr ständiger Begleiter. Sie ging mit diesem Schicksal so um, indem sie sozusagen öffentlich betete. Sie schrieb beinahe 600 geistliche Lieder, in denen sie von Gott und seiner liebevollen Begleitung ebenso erzählt wie vom Tod, den alle Menschen erfahren müssen. Ihr Glaube, ihre Beziehung zu Gott war so intensiv, dass das Sterben für sie bedeutete, schließlich mit Jesus Christus wie eine Braut eins werden zu können. Das mag uns heute befremden, doch macht es deutlich, dass für Aemilie Juliane Glauben und Wissen eins waren.

Mehr zu den Liedern von Aemilie Juliane ab Seite 96

Dennoch: *Die Aufklärung des 17. und 18. Jahrhunderts erschütterte den christlichen Glauben.* Die menschliche Vernunft wurde zum Maßstab für alles Denken. Was dieser Instanz nicht standhielt, konnte angezweifelt werden. Es stellt sich in diesem Zusammenhang natürlich auch die Frage, ob der Glaube an Gott wohl vernünftig ist oder ob die Vorstellung von Gott überhaupt vernünftig sein kann. Für den aufgeklärten Philosophen **Immanuel Kant** stand fest, dass

Mehr zu Immanuel Kants Philosophie ab Seite 68

der Mensch immer über die erfahrbare Welt hinaus fragen müsse. Insofern war für ihn die Frage nach Gott eine vernünftige und zutiefst menschliche.

Für die meisten gläubigen Christen aber stellte und stellt sich die Frage nach dem Unterschied zwischen Glauben und Wissen nicht. Wer in einem Zeitalter lebt, in dem man grundsätzlich dazu übergegangen ist, Wissen naturwissenschaftlich zu verstehen, wird den eigenen Glauben damit nicht verwechseln. *Gott ist nicht beweisbar und kann darum in dieser Hinsicht nicht zum Wissen gezählt werden.* Gleichzeitig ist die Summe dessen, was ein Mensch weiß, aus vielen Erfahrungen gespeist, die er in seinem Leben macht. Solches Erfahrungswissen schließt nicht nur rationale Erfahrungen ein. Gott kann erfahren werden und ist dann ein Teil der Realität. Insofern lässt sich auf die Frage „Sind Glauben und Wissen für Sie Gegensätze?" sowohl mit Ja als auch mit Nein und auch „Teilweise" antworten. In der eigenen Glaubensbiografie gibt es immer wieder Krisen und Brüche, in denen der wissende Glaube schwinden kann und der vertrauende oder gar verzweifelte Glaube vorherrscht. In solchen Zeiten sind Wissen und Glaube Gegensätze.

Welches Motto könnte in einer Konfliktsituation *am ehesten zu Ihnen passen?*

○ „Es wird nichts so heiß gegessen, wie es gekocht wird."

○ „Der Klügere gibt nach."

○ „Erst zuhören, dann reden."

○ „Man muss auch mal mit der Faust auf den Tisch hauen."

Der Protestantismus trägt den Widerstand bereits in seinem Namen. Er entstand aus Protest, aus dem Widerstand gegen Verhältnisse, die man für schlecht hielt.

Das heißt nun nicht, dass Protestanten grundsätzlich keinem Streit aus dem Wege gehen, aber es bedeutet, dass sich die Mitglieder der evangelischen Kirche der Auseinandersetzung stellen, wenn es nötig ist. Dennoch bleibt die Frage, wie man sich in einem Konflikt verhält. Hier gibt es keine allgemeingültigen Regeln, die allen Menschen einleuchten. Auch die Bibel ist voll von widersprüchlichen Aussagen zum Thema Streitkultur. *Einerseits preist Jesus die Sanftmütigen und die Friedensstifter, die auch die andere Wange hinhalten, wenn man sie auf die eine schlägt* (Matthäus 5). *Andererseits greift er im Ernstfall auch zu drastischen Mitteln und wirft zum Beispiel die Händler mit deutlichen Worten aus dem Tempel hinaus* (Markus 11,15 – 18). So ist das Verhalten in einem Konflikt geprägt durch das, was man selbst gelernt hat, und sicher auch durch die jeweilige Situation. Konflikte, die große Emotionen auslösen, werden häufig anders gelöst als Anlässe, bei denen kaum Gefühle im Spiel sind.

Dennoch lassen sich in der Geschichte des Protestantismus entdecken: *Häufig genug haben Protestanten „mit der Faust auf den Tisch gehauen", also ihren Widerstand offen und deutlich formuliert.* Der Hamburger Pastor Johann Hinrich Wichern brauchte 1833 für sein Jugendhilfe-Projekt „Rauhes Haus" finanzielle Unterstützung von den wohlhabenden Hamburger Bürgern. In einer aufrüttelnden Rede warf er ihnen vor, dem christlichen Gott lediglich sonntags die Ehre zu erweisen, während sie in der restlichen Woche Gott eher in ihren Kontoren und in ihren Bilanzen suchten.

Mehr zur streitbaren Katharina von Bora ab Seite 152

Katharina von Bora hatte es wie viele Frauen in einer männerdominierten Umgebung nicht leicht, sich durchzusetzen. Allerdings führte sie den riesigen Haushalt der Luthers in Wittenberg mit großer Autorität und konnte, wenn es die Situation erforderte, auch „mit der Faust auf den Tisch hauen". Martin Luther King hielt seine berühmte mitreißende Rede, Dorothee Sölle war nie um klare und provozierende Worte verlegen. Sie alle stehen also in der Tradition der „Speyerer Protestation", mit der 1526 auf dem Reichstag in Speyer die evangelischen Städte und Länder für die Glaubensfreiheit eintraten.

Die Forderung Jesu, auch in Konfliktsituationen nicht zum Täter zu werden, hat viele Christinnen und Christen zu der Überzeugung gebracht, Konflikte seien am besten dadurch zu lösen, indem man zwar einerseits nicht klein beigibt, andererseits jedoch grundsätzlich gewaltlos Widerstand leistet. Ein gutes Beispiel dafür ist Dietrich Bonhoeffer, der sogar noch in der Haft versuchte, seinen Bewachern Verständnis entgegenzubringen.

In einem akuten Streit die Ruhe zu bewahren, gilt als eine Tugend. Einige Protestanten haben darum besonders genau darauf geachtet, dass sie in Konfliktsituationen kein Porzellan zerschlagen. Die berühmte Rede, die der damalige Bundespräsident **Richard von Weizsäcker** 1985 anlässlich des 40. Jahrestages des Kriegsendes vor dem Bundestag hielt, war einerseits der Beginn einer heftigen Debatte über Krieg und Schuld. Andererseits war die Rede deswegen so bemerkenswert, weil er seine ruhigen Worte so wählte, dass niemand ehrlichen Herzens widersprechen konnte.

Mehr zu Richard von Weizsäckers berühmter Rede ab Seite 126

Manchmal ist es sicher das Klügste, in einem Streit einfach nachzugeben und dem Gegenüber das Gefühl zu geben, gewonnen zu haben. Diese Art von Diplomatie beherrschte die englische Königin **Elisabeth I.** in einzigartiger Weise. So gab sie zum Beispiel 1564 sämtliche englischen Ansprüche auf die französische Stadt Calais auf, um die lange Zeit kostspielige Kriege geführt worden waren. Elisabeth ließ sich ihr Entgegenkommen vom französischen König bezahlen und konnte so endlich Englands Schulden tilgen.

Mehr zu der Diplomatie von Elisabeth I. ab Seite 202

Richard Freiherr von Weizsäcker
(1920 – 2015)

Richard von Weizsäcker steht für klare Worte.
Er trat für demokratische und christliche Werte ein –
als Präsident der Bundesrepublik Deutschland
ebenso wie als Kirchentagspräsident.

> *Christen dürfen die Politiker nicht in den Niederungen einer noch nicht erlösten Welt sich selbst überlassen.*

Der 19-jährige Schütze Richard Freiherr von Weizsäcker schlief Ende August 1939 auf dem Truppenübungsplatz Groß Born in Pommern unweit der polnischen Grenze auf seinem Feldbett. Mitten in der Nacht weckte die Wachmannschaft ihn und seine Kameraden. Die Züge standen bereit und brachten die Männer in den polnischen Korridor. Am 1. September griffen sie an. Am darauffolgenden Tag starb sein älterer Bruder Heinrich hundert Meter von Richard entfernt. Er beerdigte ihn selbst.

Richard Freiherr von Weizsäcker hat den Zweiten Weltkrieg als junger Mann erlebt. Dieser Krieg beschäftigte ihn ein Leben lang: Wie hatte es so weit kommen können, dass ein ganzes Volk einer verbrecherischen

Führung hinterherlief? Wie hatte es soweit kommen können, dass Millionen Deutsche glaubten, sie kämpften und litten für die gute Sache des eigenen Landes?

Richard von Weizsäcker stammt aus einer protestantischen, schwäbischen Gelehrten- und Staatsdienerfamilie. Sein Großvater war 1916 als württembergischer Ministerpräsident von König Wilhelm II. von Württemberg in den erblichen Adel erhoben worden. Weizsäckers Eltern lebten eine Zeit lang in einem Flügel des Stuttgarter Neuen Schlosses, wo er selbst am 15. April 1920 geboren wurde.

Die Familie zog mit den vier Kindern einige Male innerhalb Europas um, denn der Vater Ernst von Weizsäcker war Diplomat. Schließlich leitete der Vater in Berlin die politische Abteilung des Auswärtigen Amtes und stieg 1938 unter Reichsaußenminister Joachim von Ribbentrop zum Staatssekretär auf. Nach Kriegsende wurde er in den Nürnberger Kriegsverbrecherprozessen wegen Verbrechen gegen die Menschlichkeit angeklagt.

Richard von Weizsäcker, der 1945 begonnen hatte Rechtswissenschaft zu studieren, war 1947–49 Hilfsverteidiger seines Vaters, der zu sieben Jahren Haft verurteilt wurde. Der Sohn bezeichnete das Urteil später als falsch: „Für meinen Vater stellte sich die eine zentrale moralische Frage: Im Amt bleiben oder nicht? Wofür musste und durfte er jeden Einsatz auf sich nehmen? Worauf gab es eine Perspektive des eigenen Einflusses, worauf nicht?", erklärte Richard von Weizsäcker im Jahr 2009 in einem Interview mit dem

„Spiegel". Auf Einzelschicksale soll Ernst von Weizsäcker, der zuletzt Vertreter Deutschlands im Vatikan war, so gut er konnte Einfluss genommen haben.

Die Familie von Weizsäcker war leistungsorientiert und immer eng mit dem deutschen Staat verbunden. In diese Fußstapfen trat auch Richard von Weizsäcker. Gleichwohl hatte er in seiner Laufbahn auch Niederlagen hinzunehmen: in der Partei, die Abgeordnetenhauswahl in Berlin, die Bundespräsidentenwahl 1974.

Richard von Weizsäcker machte zunächst Karriere in der Wirtschaft, trat 1954 in die CDU ein und engagierte sich in der evangelischen Kirche. Mehr als 30 Jahre, von 1962 bis 1989, gehörte Richard von Weizsäcker dem Präsidium des Deutschen Evangelischen Kirchentages an. Von 1965 – 69 sowie 1981 war er Kirchentagspräsident. Zudem war er 17 Jahre lang Mitglied der Synode (1967 – 84) und des Rates der Evangelischen Kirche in Deutschland (EKD) sowie des Zentral- und Exekutivausschusses des Weltkirchenrates.

Weizsäcker hielt nichts von Dogmen und verbindlichen Formen: Jeder Christ solle seinen Glauben so leben, wie er es für richtig halte. Die Unterschiede innerhalb der eigenen Religion müsse man aushalten können, fand Weizsäcker. Er setzte sich für die Ökumene ein – zudem für die Zusammenarbeit der evangelischen Kirchen im geteilten Deutschland, in BRD und DDR.

Weizsäcker war nicht der Typ des strahlenden Gewinners, der sich auf einem Podest eine Medaille umhängen ließ, gleichwohl erhielt er in seinem Leben zahlreiche Auszeichnungen. Statt Eitelkeit trieb ihn Disziplin an – auch in sportlicher Hinsicht: Insgesamt zehn Mal rannte, schwamm und sprang er bis ins hohe Alter für das Deutsche Sportabzeichen. Richard von Weizsäcker war unermüdlich. Sein Sohn Fritz verglich ihn mal mit einem Fahrrad: „Wenn es nicht fährt, fällt es um."

Die Politik läuft dem Markt hinterher, der Markt läuft den menschlichen Bedürfnissen hinterher. Um welche menschlichen Bedürfnisse es geht, das ist eine Frage an uns, das ist unsere Frage.

Weizsäcker war ein Arbeiter des Geistes, der unermüdlich versuchte, die Weichen für die Zukunft neu zu stellen. Das Vergangene war ihm Lehre für die Zukunft und dementsprechend war das Kriegsende am 8. Mai 1945 für ihn auch nicht die Stunde null. Als Vertreter der alten Elite fand er deutliche Worte, wo andere sich darum drückten. Ein Beispiel dafür ist seine wohl berühmteste und eindrücklichste Rede, die er 40 Jahre nach Kriegsende hielt: „*Der 8. Mai 1945 war ein Tag der Befreiung.* Er hat uns alle befreit von dem menschenverachtenden System der nationalsozialistischen Gewaltherrschaft. Niemand wird um dieser Befreiung willen vergessen, welche schweren Leiden für viele Menschen mit dem 8. Mai erst begannen und danach folgten. Aber wir dürfen nicht im Ende des Krieges die Ursache für Flucht, Vertreibung und Unfreiheit sehen. Sie liegt vielmehr in seinem Anfang und im Beginn jener Gewaltherrschaft, die zum Krieg führte. Wir dürfen den 8. Mai 1945 nicht vom 30. Januar 1933 trennen."

Als Bundespräsident war Weizsäcker ein Mahner – dieses Amt war für ihn das Richtige, denn auch vorher schon hatte er sich um Parteibücher nicht geschert, sondern auf Argumente gehört. Wohl auch deswegen war er über die Parteigrenzen hinweg bei den Deutschen beliebt und wirkte authentisch. Das repräsentative Amt des Bundespräsidenten reizte er wie kein anderer aus: In den 1980er Jahren nutzte er beispielsweise am Kanzleramt vorbei seine Verbindungen und pflegte eigensinnig und eigenmächtig Kontakte zur DDR-Führung. Es war dieser Eigensinn, durch den Richard von Weizsäcker seine natürliche Autorität erlangte. Neben seinen christlichen Überzeugungen half ihm dabei vor allem sein Sinn für politische Realitäten. Seine Engagements in Kirche und Politik liefen parallel, doch er verstand es, sie nicht zu vermischen. Er war der Auffassung, dass Kirche nicht Politik machen sollte. Doch jeder Christ, so

Weizsäcker, habe den Auftrag, auszugleichen und auszusöhnen: *„Christen dürfen die Politiker nicht in den Niederungen einer noch nicht erlösten Welt sich selbst überlassen."*

Seine christlichen Überzeugungen waren sein Antrieb und die moralische Grundlage seines Denkens. Sie halfen ihm, seine Fragen nach Schuld und Vergebung zu beantworten, und waren ein Kompass für sein politisches Handeln. Das zeigte sich einem großen Publikum drei Tage nach dem Fall der Mauer besonders deutlich. Bundespräsident Richard von Weizsäcker besuchte in der herbstlich kalten Vollmondnacht des 12. November 1989 einen Gottesdienst in der Kaiser-Wilhelm-Gedächtniskirche in Berlin. Sie war mehr als voll besetzt und um die Kirche standen noch mal 3.000 Menschen aus Ost und West. Der damalige EKD-Ratsvorsitzende Martin Kruse leitete den Gottesdienst. Er bat Weizsäcker, etwas zu den Menschen zu sagen. Der Bundespräsident zitierte aus dem Gedächtnis die folgenden Paulus-Worte, die ihm auf einem Kirchentag ans Herz gewachsen waren: „So bestehet nun in der Freiheit, zu der uns Christus befreit hat. Und lasset euch nicht wieder in ein knechtisches Joch einfangen. Ihr seid zur Freiheit berufen. Allein seht zu, dass ihr die Freiheit nicht missbraucht, euch selbst zu lieben. Sondern durch die Liebe diene einer dem andern." (Galater 5)

Richard von Weizsäcker war zu diesem Zeitpunkt 69 Jahre alt. Er hatte während seiner gesamten politischen Laufbahn gehofft, Deutschland werde eines Tages wieder vereinigt. „Uns alle erfüllte der Gedanke, dass mit diesem Ereignis der Kalte Krieg zu Ende ging", sagte er später in einem Interview. Auf Frieden zu hoffen schien realistisch – ebenso wie der Gedanke, die Dominanz der Nationalstaaten könnte überwunden sein, Europa könnte zu einer gemeinsamen Stimme finden.

Im Vorfeld des Kirchentages 1966 hatte Weizsäcker den christlichen Beitrag zur Versöhnung einmal so formuliert: Die Christen sollten im Umgang miteinander ein Beispiel des Friedens geben können. Vor ihren Regierungen und ihren Völkern sollten sie gemeinsam Zeugnis von der Verantwortung ablegen, die jeder Teil für das Ganze habe. Im November 1989 erfüllte sich für Weizsäcker ein Traum: Das Gute und die Vernunft hatten durch viele kleine Schritte einen Sieg eingefahren.

Auch in den Folgejahren blieb Weizsäcker ein unermüdlicher Mahner und Mitdenker. Sowohl politisch als auch in der Kirche. Im Jahr 1996 formulierte er vor dem Kirchenparlament der Evangelischen Kirche in Deutschland: „Die Politik läuft dem Markt hinterher, der Markt läuft den menschlichen Bedürfnissen hinterher. Um welche menschlichen Bedürfnisse es geht, das ist eine Frage an uns, das ist unsere Frage." 2015 starb Richard von Weizsäcker 94-jährig in Berlin.

Lilith Becker

Frage 14

Wenn jemand weint, *dann …*

◯ … frage ich, was los ist.

◯ … suche ich nach einem Taschentuch.

◯ … frage ich mich, wer dafür verantwortlich ist.

◯ … werde ich auch traurig.

Christinnen und Christen gehen davon aus, dass Gott ihnen eine Verantwortung für andere Menschen übertragen hat. Der Mensch ist laut biblischer Überlieferung von Anfang an ein Geschöpf, das auf Beziehung angewiesen ist. „Es ist nicht gut, dass der Mensch allein sei", sagt Gott schon in der Erzählung vom Garten Eden (1. Mose 2,18). Der Mensch braucht ein Gegenüber, das zu ihm passt, und nachdem Gott es mit sämtlichen Tieren versucht hat, wird deutlich: Nur ein anderer Mensch kann solch ein passendes Gegenüber sein.

Mit dem anderen Menschen kommen Sympathie, Freude und Konflikte in die Welt und eben auch die Verantwortung füreinander. *Kein Mensch lebt nur für sich allein. Stattdessen sind Menschen in der Lage, Mitgefühl zu empfinden und aktiv zu werden, wenn man merkt, dass jemand Hilfe benötigt.* Das Mitfühlen kann aber unterschiedliche Reaktionen auslösen.

Man kann das Leid anderer erkennen und dann so schnell und so direkt wie möglich helfen. Man kann sozusagen ein Taschentuch parat haben, das die Tränen trocknet. Es ist dieser Ansatz, der zum Beispiel **Albert Schweitzer** dazu brachte, direkt dort hinzugehen, wo

Mehr zu
Albert
Schweitzers
Hilfe
ab Seite 32

135

seine Hilfe gebraucht wurde. 1913 gründet er sein Spital im französischen Kongo, weil er seine Verantwortung darin sieht, sich dort um das Leben anderer zu kümmern. Das betrachtet er als Pflicht, die er als Europäer hat, weil Europa dort schuldig geworden ist. Schweitzer geht es zunächst nicht darum, Kultur und Lebensweise der dortigen Bevölkerung zu verstehen, er will vor allem helfen.

Andere Menschen, die sich vom Schicksal anderer berühren lassen, wollen zunächst nachfragen. *Sie möchten erst genau verstehen, was dem Gegenüber fehlt, bevor sie selbst aktiv werden.* Diesen Ansatz verfolgte zum Beispiel **Elisabeth Schwarzhaupt**, die in den zwanziger Jahren des 20. Jahrhunderts Rechtswissenschaft studierte, um Richterin zu werden. Zunächst aber arbeitete sie als Rechtsberaterin für Frauen, die wenig Geld hatten und auch deswegen ihre Rechte nicht wahrnehmen konnten. Hier wie auch später als Juristin oder als Bundesministerin wollte sie zunächst genau verstehen, was vor sich ging, um anschließend genau zu wissen, wie zu helfen wäre. Neben den einzelnen Schicksalen wollte sie auch die Umstände verstehen, die zu diesen Schicksalen führten. Wie Albert Schweitzer fragte sie danach, wo die Verantwortung für die schlechten Verhältnisse lag. Doch anders als Schweitzer entschloss sich Elisabeth Schwarzhaupt, die Verhältnisse selbst zu ändern.

Die Kirche hat sich spätestens nach dem Ende des Zweiten Weltkrieges nicht nur um die Schicksale ein-

Mehr zu Elisabeth Schwarzhaupts Engagement ab Seite 138

zelner Menschen gekümmert, sie hat auch die Stimme erhoben gegen Verhältnisse, unter denen Menschen leiden müssen. Sie hat damit die Tradition von Menschen wie Dietrich Bonhoeffer aufgenommen, die sich direkt für andere Menschen eingesetzt und strukturell gegen Ungerechtigkeit gewendet haben. Die Theologin **Dorothee Sölle** hat deutlich gemacht, dass Gott selbst an der Seite derer ist, die leiden müssen. Gott, der in Jesus Christus Mensch wurde, stirbt, wie Menschen sterben müssen. Armut ist für sie die Folge der Ausbeutung durch die Reichen. Die Konsequenz kann also nicht lediglich sein, Hungernde zu speisen. Vielmehr müssen die Verhältnisse verändert werden.

Mehr zu
Dorothee
Sölles
politischer
Theologie
ab Seite 176

Am Anfang eines jeden Engagements für andere steht immer das mitfühlende Wahrnehmen der Not. Der Wunsch zu helfen kann ohne dieses Mitfühlen nicht entstehen. Darum ist Mitleid ein ausgesprochen guter Impuls. Solche Anteilnahme kann indes auch zu einer Last werden: Wer ständig mit dem Leid anderer Leute beschäftigt ist, braucht eine Möglichkeit, dieses Leid nicht zum eigenen zu machen. In der Kirche hat es darum immer schon die Sitte gegeben, für diejenigen, die sich um andere kümmern, ebenfalls zu sorgen. Diese Tradition wurde in der evangelischen Kirche engagiert fortgesetzt. *Die Kirchengemeinde als Gemeinschaft, in der man sich umeinander kümmert, ist bis heute ein großes Ideal.* Dazu braucht es eine funktionierende Gemeinschaft, in der alle einander sehen. Es ist eben nicht gut, dass der Mensch allein sei.

Elisabeth Schwarzhaupt
(1901 – 1986)

Elisabeth Schwarzhaupt war die erste Bundesministerin
der Bundesrepublik Deutschland. Sie setzte sich zeitlebens
für die Gleichberechtigung von Frauen und Männern ein.
Dafür hat sie auch Parteigrenzen überschritten. Sie steht für
einen evangelischen Glauben, der nach Gerechtigkeit strebt.

> **"**
> *Sicher war es ein Erfolg für uns Frauen, dass wir durch meine Ministerschaft gewissermaßen den Fuß in eine bisher verschlossene Tür gesetzt haben.*
> **"**

Es ist 1933. Die Nationalsozialisten haben in Deutschland die Macht übernommen. Erst vor einem Jahr ist Elisabeth Schwarzhaupt von Frankfurt am Main aus nach Dortmund gezogen. Sie hat ihre Arbeit in der Rechtsauskunftsstelle aufgegeben, obwohl sie ihr gut gefiel. Sie konnte sich hier für andere junge Frauen einsetzen, sie im Scheidungsrecht beraten oder bei Mietangelegenheiten. Doch weil sie ihrem Verlobten näher sein wollte, war sie nach Dortmund gekommen, um hier als Vertretungsrichterin zu arbeiten; sie hatte sich mit Zwangsversteigerungsangelegenheiten zu befassen. Ihr Verlobter ist Arzt, und er ist Jude. Kurz nach der Machtergreifung der Nazis verliert er seine Kassenzulassung. Weil er so seine Praxis nicht mehr führen

kann, und weil er befürchtet, dass das Leben für Juden in Deutschland bald unerträglich sein wird, zieht er noch im selben Jahr in die Schweiz. Elisabeth Schwarzhaupt weigert sich, ihm ohne eine eigene Stelle nachzuziehen. Sie versucht drei Jahre lang, eine Stelle als Juristin in der Schweiz zu bekommen, doch 1936 gibt sie die Versuche auf. Sie löst ihre Verlobung und bleibt in Deutschland.

> *Es ist schön, im Alter noch einige Jahre zu haben, reisen zu können, ohne von einem Hotel und einem Sitzungsraum zum anderen hetzen zu müssen.*

Doch im Nationalsozialismus dürfen Frauen nicht über Männer richten. Schwarzhaupt verliert ihre Zulassung als Richterin. Sie bewirbt sich 1936 bei der Deutschen Evangelischen Kirche (DEK) in Berlin: Einerseits hofft sie, hier juristisch arbeiten zu können, andererseits so möglichst wenig mit dem Nationalsozialismus zu tun zu haben. Obwohl sie mittlerweile promoviert wurde, erhält Elisabeth Schwarzhaupt in der Kirchenkanzlei lediglich eine Stelle als juristische Hilfsarbeiterin. Auch bei dieser Tätigkeit muss sie feststellen, dass sich die Ungleichheit von Frauen und Männern vor dem Gesetz immer weiter verfestigt. Elisabeth Schwarzhaupt hatte in ihrem Elternhaus erlebt, dass Männer und Frauen gleichberechtigt leben können. In der Gesellschaft schien eine solche Gleichberechtigung vollkommen utopisch zu werden.

Auch die Kirchenkanzlei der DEK bleibt freilich nicht unberührt von nationalsozialistischer Einflussnahme. Elisabeth Schwarzhaupt schreibt später in ihrem Lebenslauf: *„Die Arbeit in der Kirchenkanzlei der DEK in Berlin war interessant und bedrückend zugleich. ...* Wir konnten trotz allem, vielfach ohne Wissen unseres Präsidenten, mancherlei Unfug verhüten. Zum Beispiel konnte ich mit Hilfe eines bewußt evangelischen Oberregierungsrats im Arbeitsministerium erreichen, dass Vikare und Vikarinnen der Bekennenden Kirche ... von einer Einziehung zum Arbeitsdienst in Fabriken oder Bahnhofsschaltern und dergleichen frei gestellt wurden." (Quelle: Bundesarchiv)

Wenn es darum geht, Gutes zu erreichen, ist Elisabeth Schwarzhaupt auch bereit, mit Menschen zusammenzuarbeiten, die politisch aus anderen Lagern kommen als sie selbst. Nach dem Kriegsende endet auch die Zeit der DEK. An ihrer Stelle wird bereits 1945 die Evangelische Kirche in Deutschland gegründet. Elisabeth Schwarzhaupt zieht mit der EKD nach Frankfurt am Main und organisiert von dort aus die evangelische Frauen- und Jugendarbeit. Außerdem arbeitet sie an der

neuen Verfassung der Evangelischen Kirche mit. Drei Jahre später wechselt sie in das Außenamt der EKD. Ihr politisches Engagement wird immer stärker – längst auch neben ihrem Beruf. Die Gleichheit von Frauen und Männern ist dabei weiterhin ihr wichtigstes Thema.

Als der erste Deutsche Bundestag gegründet werden soll, versuchen mehrere Frauen der Frankfurter CDU, sie von einer Kandidatur zu überzeugen. Elisabeth Schwarzhaupt weigert sich zunächst. Erst 1953 tritt die Protestantin in die stark katholisch geprägte CDU ein und beginnt als Bundestagsabgeordnete ihre politische Laufbahn.

Gleich ein Jahr später wird sie damit konfrontiert, wie katholisch-konservativ ihre Partei ist. Weil das Grundgesetz die Gleichberechtigung von Männern und Frauen vor dem Gesetz vorschreibt, muss auch ein alter Paragraph überarbeitet werden, der sogenannte „Gehorsamsparagraph". 1954 ist der Paragraph mittlerweile 54 Jahre alt. Er schreibt vor, dass Frauen sich ihren Ehemännern in ehelichen Entscheidungen unterzuordnen hätten. Der neue Gesetzesentwurf ihrer konservativen Parteikolleginnen und -Kollegen stößt bei Elisabeth Schwarzhaupt auf Widerstand. Im Plenum des Bundestages argumentiert sie gegen ihre eigene Fraktion für eine Abschaffung des Paragraphen. Schließlich tut sie sich mit Abgeordneten anderer Fraktionen zusammen. Der Vorschlag der CDU wird überstimmt und der Paragraph wird geändert. Ein Jahr später wird im Bundestag das Gleichberechtigungsgesetz verabschiedet.

1961 wird wieder ein Bundestag gewählt, und Kanzler Konrad Adenauer, der schon vier Jahre zuvor sein Versprechen, eine Frau zur Ministerin zu machen, gebrochen hatte, scheint bei den Koalitionsverhandlungen wieder keine Frau berufen zu wollen. Da kommt es zu einer interessanten Protestaktion der weiblichen Abgeordneten der CDU. Sie setzen sich mitten im Kanzleramt hin. Sie essen und trinken und reden miteinander und gehen einfach nicht weg. Elisabeth Schwarzhaupt ist nicht unter diesen Frauen, aber sie ist der Grund dieses Sit-ins. Sie soll Ministerin werden – und sie wird es: Da bereits sämtliche Ressorts verteilt sind, schafft man neu ein Gesundheitsministerium, das sie leiten wird. Spannend ist, dass ausgerechnet Helene Weber die Organisatorin dieser kleinen Protestaktion war. Sie hatte Elisabeth Schwarzhaupt noch 1957 für ihr Taktieren wegen des „Gehorsamsparagraphen" lauthals gerügt.

Auch wenn Schwarzhaupt das Gesundheitsministerium gewissenhaft und engagiert leitet, ihr Thema bleibt doch die rechtliche Gleichstellung der Geschlechter. 1966 legt sie ihr Amt nieder und arbeitet als Abgeordnete weiter. Sie engagiert sich für die Rechte nichtehelicher Kinder. 1969 kandidiert sie nicht mehr für den Bundestag und arbeitet wieder stärker im Deutschen Frauenrat und Evangelischen Frauenbund mit.

Elisabeth Schwarzhaupt hat sich selbst als „Alibifrau" bezeichnet. Aber ohne sie hätten viele Männer heute immer noch andere Alibis, Frauen nicht dieselben Rechte zuzugestehen wie sich selbst.

Frage 15

Wo sollte man das Wort Gottes *am lautesten verkündigen?*

◯ In der Fußgängerzone.

◯ Unter Kindern.

◯ In der Kirche.

◯ In Gefängnissen.

Das Christentum *ist eine Religion zum Weitersagen.*
Christinnen und Christen verstanden sich von Anfang
an als eine wachsende Gemeinschaft, deren Botschaft
jeden Menschen auf der ganzen Welt froh machen soll.
Das, was die Kirche zu Pfingsten als „Geburtstag der
Kirche" feiert, macht deutlich: Der Heilige Geist be-
fähigt die Jünger, in sämtlichen Sprachen der Welt zu
reden, damit sie allen vom Heil erzählen können, das
Gott durch Jesus Christus in die Welt gebracht hat
(Apostelgeschichte 2). Die letzten Worte, die Jesus nach
seiner Auferstehung zu seinen Jüngern spricht, lauten:
„Darum gehet hin und machet zu Jüngern alle Völker:
Taufet sie auf den Namen des Vaters und des Sohnes
und des Heiligen Geistes und lehret sie halten alles, was
ich euch befohlen habe. Und siehe, ich bin bei euch alle
Tage bis an der Welt Ende." (Matthäus 28,19–20)

*Diesen „Missionsbefehl" hat die Kirche immer sehr
ernst genommen, und es kam im Laufe der Jahrhunderte zu schlimmen Auswüchsen bei dem Bemühen,
anderen die Frohe Botschaft nahezubringen.* Druck
und Gewalt waren häufig genug Mittel zur Mission. Das
ist in der Gegenwart anders: Anstatt in alle Welt zu

reisen, um dort die Völker zu „bekehren", geht es heute nicht zuletzt darum, in der eigenen Gesellschaft für den christlichen Glauben so einzutreten, dass sich Menschen dafür begeistern können. Es ist in Europa längst nicht mehr selbstverständlich, Christin oder Christ zu sein. Doch wer davon überzeugt ist, dass Gott den Menschen durch seinen Sohn Jesus Christus das wertvollste aller Geschenke gemacht hat, der wird das auch heute noch anderen erzählen wollen. Die Frage ist lediglich: Wo?

Johann Hinrich Wichern kümmerte sich im 19. Jahrhundert um verwahrloste Kinder in Hamburg. Im „Rauhen Haus" konnten sie behütet und in familienähnlichen Verhältnissen aufwachsen. Selbstverständlich gehörte für Wichern dazu, dass er ihnen auch von Jesus Christus erzählte. Für Wichern war seine Fürsorge „Innere Mission". Dabei wollte er nicht etwa Menschen mit Wohltaten ködern, vielmehr war es die logische Konsequenz seines eigenen Glaubens, dass er Gutes tat. Es geschah aus Dankbarkeit Gott gegenüber.

Mehr über Johann Hinrich Wichern und das Rauhe Haus ab Seite 84

Die evangelische Kirche hat auch viele Prediger hervorgebracht, die ihre Aufgabe darin sahen, die Kirchengebäude zu verlassen und auf den Straßen und Plätzen – genau wie in der Pfingstgeschichte – von Jesus Christus zu predigen. Vor allem in Nordamerika kam es durch die protestantischen Einwanderer geradezu zu einem Wettkampf um die größten Missionserfolge. Dieser Wettkampf hält bis heute an und er hat längst auch die Medien erfasst. Auch der US-amerikanische Baptistenpastor **Martin Luther King** nutzte die Öffentlichkeit.

Mehr über die Bedeutung des Glaubens für Martin Luther King ab Seite 44

Seine Botschaft von der Befreiung war für ihn eine zutiefst christliche Botschaft. Seine berühmte Rede in Washington endete mit den Worten: *„Dank sei dem allmächtigen Gott, wir sind endlich frei!"*

Die Botschaft von einem Gott, der den Menschen immer wieder vergibt, kann befreiend auf Menschen wirken. Das gilt in besonderer Weise für Menschen, die schwere Schuld auf sich geladen haben. *Jeder Mensch bekommt von Gott die Chance zu einem Neuanfang, gleichgültig wie schwer seine Schuld auch war.* Gefängnisseelsorge ist ein typisches Beispiel dafür, dass die Kirche ihre Gebäude verlässt, um ihre Botschaft zu verkünden. Inhaftierte können nicht zur Kirche gehen, die Kirche muss zu ihnen kommen. Gleichwohl bleibt die Kirchengemeinde mit ihrem Gebäude und ihrem Sonntagsgottesdienst der Schwerpunkt der Verkündigung. Hier trifft man sich aus keinem anderen Grund als dem, von Gott zu hören, gemeinsam zu singen und zu beten und zu feiern. *Die Kirche gibt Geborgenheit und Kraft für den Alltag.* Es ist wichtig, im Gewimmel der Marktplätze, im Internet oder an anderen Alltagsorten die Frohe Botschaft zu verkündigen, aber es reicht nicht: Es braucht auch die Kirche als Rückzugsort, an dem man sich vergewissern kann, dass es sich lohnt, für Gott unterwegs zu sein.

Wie sollte man mit *anderen Konfessionen umgehen?*

○ Sie überzeugen.

○ Von ihnen lernen.

○ Mit ihnen feiern.

○ Sie ignorieren.

*d*Die evangelische Kirche gab es nur zu einem teuren Preis: dem der Einheit des Christentums in Mitteleuropa. Auch wenn die Reformatoren die Spaltung der Kirche nicht gewollt haben, die Konsequenzen ihrer Lehre waren nicht mit der römisch-katholischen Kirche vereinbar. Die Änderungen für das Verständnis von Amt und Kirche sind zu gravierend, als dass sich die katholische Kirche auf diese Weise hätte reformieren lassen können. So trennten sich die Wege der römisch-katholischen Kirche und der entstehenden protestantischen Kirchen. Das geschah alles andere als friedlich, denn mit den kirchlichen Streitigkeiten ließen sich auch vollkommen weltliche Machtspiele gut begründen.

Mehr über Elisabeths Streit mit der katholischen Kirche ab Seite 202

Die Trennung der Konfessionen kann auch direkt durch Familien laufen. Die beiden Schwestern und künftigen Königinnen von England, Maria und Elisabeth, sind ein besonders berühmtes Beispiel dafür, wie die beiden Konfessionen für politische Machtspiele genutzt werden können. *Gegen die katholische Maria wurde am englischen Hof intrigiert, wofür man ihre protestantische Schwester Elisabeth verantwortlich machte. Elisabeth landete als Verschwörerin im Tower of London.*

Nach dem Tode Marias im Jahr 1558 wurde sie zur Königin von England – und zwölf Jahre später von Papst Pius V. exkommuniziert. Elisabeths Leben war vom Gegensatz zwischen Protestantismus und Katholizismus geprägt. Nach ihrer Exkommunizierung wurde eine Verschwörung gegen sie angezettelt: Sie sollte umgebracht und durch die katholische schottische Königin Maria Stewart ersetzt werden. Der Komplott wurde entdeckt und Maria Stewart hingerichtet.

Allerdings müssen Katholiken und Protestanten nicht zwangsläufig verfeindet sein. In den vergangenen 500 Jahren ist es immer wieder und immer häufiger zum Austausch oder zu einem gedeihlichen Miteinander gekommen. *Unterschiede sind geblieben, doch im Laufe der Zeit hat sich deutlich verändert, wie man mit ihnen umgeht.* In der Reformation ging es auf beiden Seiten zunächst darum, sich gegenseitig zu überzeugen. **Katharina von Bora** warf ihr Leben vollständig über den Haufen. Für sie war der neue Weg so überzeugend, dass sie ihr Dasein als Nonne beendete, um in Wittenberg den großen Haushalt der Luthers zu führen. Für sie wie für viele andere stand fest, dass man möglichst viele Menschen von dieser neuen Weise des Glaubens überzeugen musste.

Mehr über Katharina von Boras großen Schritt ab Seite 152

Mit dem Ende des Dreißigjährigen Krieges, des letzten großen Religionskrieges in Europa, begann 1648 eine lange Phase, in der die Konfessionen einander eher ignorierten. Die Gebiete waren verteilt, es gab zwar Minderheiten der jeweils anderen Konfession, aber man tat ihnen zumindest vonseiten der jeweiligen Regierung kein Leid an. *Man hatte sich mit der Trennung arrangiert: An einer Ökumene bestand in beiden Kirchen wenig Interesse.* Für jemanden wie **Charlotte Brontë**, die Anfang des 19. Jahrhunderts in einem Pfarrhaus aufwuchs, spielte wohl ihre anglikanisch-protestantische Erziehung eine Rolle, doch wird sie sich mit dem Katholizismus kaum auseinandergesetzt haben. Ähnliches dürfte für **Clara Schumann** gelten. Man lebte in der Regel in der eigenen Konfession, ohne größere Notiz von der anderen zu nehmen.

Mehr über die Anglikanerin Charlotte Brontë ab Seite 16

Mehr zu Clara Schumanns Leben ab Seite 56

Seit dem Ende des 19. Jahrhunderts werden die Kirchen immer deutlicher kritisiert. Christsein ist nicht mehr selbstverständlich. Nun beginnen die Kirchen, sich aufeinander zuzubewegen und ihre Gemeinsamkeiten wiederzuentdecken. Man besucht einander, redet miteinander, manchmal kommt es sogar zu gemeinsamen Projekten: Ende des 20. Jahrhunderts wurde die Bibel von katholischen und evangelischen Fachleuten gemeinsam ins Deutsche übersetzt: So entstand die „Gute Nachricht Bibel". Besonders auf der Ebene der sogenannten Laien, also der Christinnen und Christen ohne ein geistliches Amt, funktioniert die Ökumene ausgesprochen reibungslos. Sogenannte konfessionsübergreifende Ehen sind mittlerweile etwas völlig Normales. *Für viele Gläubige spielt in erster Linie eine Rolle, dass man Christ ist, und nicht, ob man katholisch oder evangelisch ist.* Man hat vor allem vieles gemeinsam.

Katharina von Bora, die „Lutherin"
(1499 – 1552)

Katharina von Bora steht für einen zupackenden und streitbaren Glauben, der sich von Autoritäten nicht den Mund verbieten lässt. Sie stand mit beiden Beinen auf der Erde und setzte sich ebenso für ihren Nächsten ein wie für neue Ideen in der Kirche.

> *Ich will an meinem Herrn Jesu, der mich erlöset hat, hangen wie die Klette am Kleid.*

In ihrer Zeit fällt sie aus dem Rahmen. Katharina von Bora ist eine Frau, die sich zielstrebig von den ihr vorgegebenen Konventionen löst. So meint es zumindest ein Wittenberger Kunstwerk, das die Bildhauerin Nina Koch anlässlich des 500. Geburtstags der „Lutherin" 1999 gefertigt hat.

„Die Welt kann ohne Frauen nicht bestehen", resümiert Martin Luther bei Tisch, „sogar wenn die Männer die Kinder selbst auf die Welt bringen könnten." Die Frau an Luthers Seite war eine handfest kalkulierende Ökonomin: Sie organisierte einen Haushalt, der in Deutschland als einer der größten der Zeit galt. Hier hatten nicht nur die sechs leiblichen Kinder der Katharina (Johannes, Elisabeth, Magdalena, Martin, Paul und

Margarethe) sowie zwölf Pflegekinder ein Zuhause. Auch eine große Zahl von Flüchtlingen, Verwandten, Tischgästen und Studierenden war täglich zu versorgen; meist waren das um die 40 Personen. Oft waren angesehene, auch internationale Gäste dabei oder Professoren der Wittenberger Universität. Auch Theologen, die aufgrund ihres Bekenntnisses zur Reformation andernorts verfolgt wurden, fanden im Hause der Luthers Zuflucht. In der reformatorischen Bewegung ist der Ort, an dem man gemeinsam Theologie treibt, zugleich ein Asylort. Katharina nahm an den Gesprächen bei Tisch teil, und vermutlich tat sie das intensiver, als die Schüler ihres Mannes es später in den „Tischreden" zum Gedenken an den Reformator notiert haben. Sie knüpfte Kontakte, die sie eigenständig pflegte und durch Einladungen und Korrespondenzen aufrechterhielt. Katharina produzierte einen Großteil der benötigten Lebensmittel selbst. Sie braute Bier, kaufte Nutzvieh, sorgte sich um die Bewirtschaftung der Gärten und beaufsichtigte etwa zehn Mägde und Knechte, die Kutscher und die Köchin. Wasser musste besorgt werden und Feuerholz. Luthers Kollegsaal war im ersten evangelischen Pfarrhaus, dem sogenannten Schwarzen Kloster. Grundstücksgeschäfte wurden arrangiert und Aus- und Umbauten an Haus und Hof. Katharina verhandelte, Martin unterschrieb. Eine umtriebige Frau, selbstbewusst und stolz.

Katharina selbst stand früh auf eigenen Beinen. Nach dem Tod ihrer Mutter kam die Fünfjährige ins

Kloster, zunächst ins Augustinerchorfrauenstift nach Brehna, wenige Jahre später zu den Zisterzienserinnen in Nimbschen. Wenig ist bekannt, wie die Frauen dort von der reformatorischen Bewegung erfuhren und was für einige von ihnen schließlich ausschlaggebend war, den sicheren Ort des Klosters und damit des geregelten Lebens zu verlassen, um sich auf eine lebensgefährliche Flucht ins Ungewisse einzulassen. Katharina von Bora war in jedem Fall eine mutige Frau. Sie kam nach Wittenberg, fand ein Dach über dem Kopf, vermutlich im Hause Lucas Cranachs des Älteren, und wurde rasch eine bekannte Frau. Doch nur eine Ehe konnte ihr das wirtschaftliche Überleben sichern. Als sie schließlich im Juni 1523 mit Martin Luther die Ehe einging, war ihr nicht nur stadtweite Berühmtheit beschert, sondern auch Hohn und Spott waren dem Paar sicher. Schließlich hatte Martin Luther noch wenige Monate zuvor behauptet, niemals heiraten zu wollen. So rasch sich die Wittenberger Reformation über Flugblätter verbreitete, so auch die Häme, vor allem der Wittenberger Stadtgesellschaft und der Universitätsangehörigen. Was für ein Skandal! Die Ehe von Katharina und Martin Luther wurde zum Sinnbild für die Anliegen der reformatorischen Bewegung und polarisierte. Das Ehepaar ließ von sich zahlreiche Doppelporträts in der Werkstatt Lucas Cranachs fertigen, um überall sichtbar zu machen: Wir gehören zusammen. Wir treten gemeinsam für die Sache der Reformation ein. Und das taten sie auch. Das Pfarrhaus in Wittenberg verwandelte die Ideale klöster-

lichen Lebens in eine alltagstaugliche Frömmigkeitskultur: Andachten strukturierten den Tag, und während Katharina Luther nebenbei durch das Haus horchen musste, dass alle Arbeiten erledigt wurden, las sie die ganze Bibel durch. Martin hatte ihr eine erhebliche Geldsumme versprochen, wenn sie das schaffen würde. Von dem Geld konnte Katharina einen Gemüsegarten kaufen. Aus einer Frau, die versorgt werden musste, wurde eine, die viele versorgte.

Ich würde meine Käthe nicht für Frankreich und Venedig dazu hergeben.

Martin Luther über seine Frau

Katharina war es, die so viele Menschen miteinander an einem Tisch sitzen ließ, und auf diese Weise wurde es überhaupt erst möglich, dass die reformatorischen Gedanken sich so rasch und erfolgreich verbreiteten. Katharina trug entscheidend dazu bei. Ihre Kenntnisse im Lesen, Schreiben, Singen, in Latein und in geistlichen Übungen hatte sie im Kloster erworben. Nun aber beteiligte sie sich aktiv an den Diskussionen in ihrem Hause und an den theologischen Arbeiten ihres Mannes. Martin Luther selbst hebt Katharinas Bedeutung für seine Auslegung der Psalmen hervor und würdigt sie auch gegenüber seinen Mitstreitern als theologische Gesprächspartnerin. Sie hat Martin Luther wohl auch zu einer seiner wichtigsten theologischen Schriften motiviert, der Abhandlung „Über den geknechteten Willen". Man wird die resolute, kluge Katharina von Bora als eine der gelehrtesten Frauen ihrer Zeit ansehen dürfen. 21 Briefe Martin Luthers an Katharina zeugen davon, dass sie ihm eine enge Vertraute war – als Ehefrau, als theologische Gesprächspartnerin, als Seelsorgerin. Humorvoll und von Liebe geprägt ist der Ton dieser Texte. Katharina sorgte auch für ihren Ehemann, wenn dieser – was häufiger der Fall war – erkrankte, und entlastete ihn von seiner Arbeit. Entgegen geltender Rechtslage setzte Luther sie 1542 für den Fall seines Todes zu seiner Universalerbin und zum Vormund der Kinder ein. Katharina überlebte Martin um sechs Jahre. In zähen Verhandlungen erwirkte sie, dass sie und ihre Kinder weiterhin im Schwarzen Kloster leben durften. Ihre wenigen erhaltenen Briefe aus dieser Zeit sind Bittschreiben um finanzielle Unterstützung. Nicht nur Gegner der Wittenberger Reformation wandten sich von der Witwe Luther ab. Über zwanzig Jahre hatte Katharina von Bora maßgeblichen Anteil an der

reformatorischen Bewegung. Welch bittere Erfahrung muss das nun für sie gewesen sein! Als wenige Wochen nach Martin Luthers Tod 1546 der Schmalkaldische Krieg ausbricht, flieht Katharina aus Wittenberg. Der Plan, gemeinsam mit Philipp Melanchthon nach Dänemark zu gelangen, misslingt. Schlussendlich kehrt sie nach Wittenberg zurück. Ihre umfangreichen Ländereien waren durch den Krieg verwüstet, so dass große wirtschaftliche Not die letzten Jahre der Lutherin prägte. 1552 bricht auch noch die Pest in Wittenberg aus. Katharina entschließt sich, ins gut 40 Kilometer entfernte Torgau zu reisen, wohin auch die Universität verlegt worden war. Auf diesem Weg kommt es zu einem Unfall, an dessen Folgen Katharina stirbt. Sie wurde 53 Jahre alt.

Katharina war – nicht nur aus der Ferne unserer Zeit betrachtet – eine besondere Frau. Vielleicht war sie nicht immer umgänglich. Sie wusste, wenn es darauf ankam, das Rechte zu sagen oder das Nötige zu tun. Zuallererst ihr Mut machte ihren steilen Bildungsaufstieg und ihre informell-öffentliche Rolle möglich. Was ihr Leben und die damit verbundenen Herausforderungen betrifft, so konnte sie auf keine direkten Vorbilder zurückgreifen. Auf diese Weise wurde Katharina von Bora ihrerseits zum Vorbild.

Von der protestantischen Geschichtsschreibung wurde sie erst spät als eigenständige Reformatorin, Theologin und intellektuelle Weggefährtin entdeckt. Die Historiographie des 19. Jahrhunderts hinterließ ein zwiespältiges Bild, das bis heute nachwirkt. Durch den Einfluss des Bildungsbürgertums, das der verfassten Kirchlichkeit kritisch bis distanziert gegenüberstand, wurde das Haus Luther zu einem symbolischen Medium einer eigenen protestantischen Institution: des evangelischen Pfarrhauses. Die Pfarrfamilie wurde zum Idyll stilisiert. Das Pfarrhaus galt als Ort, der einerseits Normen stabilisierte, andererseits zum innovativen Trendsetter par excellence wurde. Dazu gehörte ein festes Programm mit gepflegter Hausmusik, Andachten, Losungen am Tisch und Lutherstich im Amtszimmer. Idee und Wirklichkeit waren untrennbar miteinander verflochten. Sie suggerierten nicht nur normative Geltung für das Leben evangelischer Geistlicher, sondern prägten auch die Sicht auf Luthers Haus im 16. Jahrhundert. Erst die Emanzipation der Frauen in den reformatorischen Kirchen Mitteleuropas, ihre Theologie und erneute Forschungen im Rahmen der Reformationsdekade konnten eine andere Sicht nahelegen.

Die große Eigenständigkeit, mit der sich Katharina von Bora ganz in den Dienst der reformatorischen Sache stellte, gibt bis heute zu denken. Sie ist ein Beispiel dafür, dass Christen und Christinnen ab und an den Rahmen der Konventionen mutig und selbstbewusst verlassen sollten. *Friederike Erichsen-Wendt*

Frage 17

Wenn in einem Witz erzählt wird, *dass Jesus an einem Joint zieht ...*

◯ ... möchte ich wissen, wie der Witz ausgeht.

◯ ... höre ich lieber gar nicht weiter zu.

◯ ... frage ich mich, ob das nun sein muss.

◯ ... denke ich mir die Pointe gleich selbst aus.

Sind Protestantinnen und Protestanten lustig? Oder können sie eigentlich gar nicht lachen? Beide Vorurteile leben und gedeihen prächtig. So erzählt man sich gern, wie viel in der Wohngemeinschaft der Luthers in Wittenberg gelacht wurde. Man kolportiert auch besonders derbe Scherze Martin Luthers und hält das für ein Zeichen des Protestantismus insgesamt. Andererseits ist der Protestantismus als ausgesprochen humorlos verschrien. *Während man sich von Katholiken erzählt, dass sie ausschweifend ihres Lebens freuen, gilt der typische Protestant als eher verhärmt und griesgrämig. Die Katholiken feiern Karneval, die evangelische Kirche begeht den Buß- und Bettag.*

Die christliche Botschaft ist weder witzig noch todernst. Sie ist eine Frohe Botschaft: Die Menschen sollen sich nicht abmühen, wie Gott zu sein, weil Gott selbst Mensch wurde. Den eigenen Glauben allerdings kann man durchaus sehr ernst nehmen, denn schließlich bestimmt er das eigene Leben: Die Werte, die man vertritt, die Feiertage, die man feiert, die ganze Sicht auf die Welt kann durch den Glauben bestimmt werden. *Mit der Bedeutung des Glaubens für das eigene Leben*

Mehr zu
Aemilie
Julianes Liebe
zu Jesus
ab Seite 96

Mehr zum
Humor
von Hanns
Dieter Hüsch
ab Seite 164

wächst auch die Empfindlichkeit, wenn andere über den Glauben witzeln. **Aemilie Juliane von Schwarzburg-Rudolstadt** zog aus ihrem Glauben Kraft, die vielen Schicksalsschläge zu verarbeiten, die ihr widerfuhren. Sie hätte es sicher entsetzlich gefunden, wenn jemand über Jesus einen Witz gemacht hätte.

In Deutschland gilt bis heute der § 166 des Strafgesetzbuches, der die Beschimpfung religiöser Bekenntnisse verbietet. Dieser sogenannte „Gotteslästerungsparagraph" gilt allerdings nur dann, wenn durch diese Beschimpfung der öffentliche Frieden gestört werden könnte. Wer sich persönlich in seinem Glauben angegriffen fühlt, kann sich nicht auf diesen Paragraphen berufen.

Der Kabarettist **Hanns Dieter Hüsch** betonte gern die Leichtigkeit, die ihm sein christlicher Glauben ermöglichte. *Wenn der Mensch tatsächlich erlöst ist durch Gott, dann kann er entsprechend fröhlich sein. Er kann letztlich über alles lachen, weil sich seine Sorgen gegenüber dem großen Heil, das Gott gebracht hat, relativieren.* Über Gott selbst zu lachen, ist nun noch etwas anderes. Aber wenn man die Glaubensaussage, dass Gott Mensch wurde, ernst nimmt, dann nahm er auch sämtliche Schwächen der Menschen an, auch solche, über die gerne gelacht wird. Und über die Kirche lachen Kabarettisten natürlich auch gern. Das war bei Hanns Dieter Hüsch nicht anders.

Letztlich ist ausgesprochen individuell, worüber jemand lachen kann oder nicht. Die Heiterkeit, die man

Martin Luther nachsagt, hat bestimmt mit seiner grundsätzlichen Erkenntnis zu tun, dass er es seinem Gott niemals ganz recht machen kann, er es aber auch nicht muss. Das war für Luther wohl so erleichternd, dass es in seinem Haus sehr fröhlich zugehen konnte. Dass in der Geschichte des Protestantismus der Ernst des Glaubens häufig die Freude daran überwog, hat vermutlich viel damit zu tun, dass man sich von den Katholiken absetzen wollte, die ihre Kirchen üppig ausstatteten oder vor der Fastenzeit ausschweifend feierten.

Nun der Witz mit Jesus und dem Joint, der ja der hier diskutierten Frage zugrunde liegt – exklusiv für die Leserinnen und Leser dieses Protestant-O-Mat-Buches. Wer ihn lieber nicht lesen möchte, blättert am besten einfach weiter.

Jesus trifft auf der Straße zwei junge Männer, die gerade dabei sind zu kiffen. Sie rauchen ihren Joint und scheinen guter Dinge zu sein. Darum spricht Jesus sie an und fragt: „Was tut ihr da?" „Wir rauchen einen Joint", ist die Antwort. „Darf ich auch mal?" „Klar!" Jesus nimmt einen tiefen Zug und kämpft gegen den heftigen Hustenreiz an, der ihn überkommt. Als der sich legt und sich stattdessen ein wohligeres Gefühl in ihm ausbreitet, sagt Jesus zu den beiden: „Danke, das ist interessant. Übrigens, ich bin Jesus." „Jau", ruft der eine, „genau so soll es sein!"

Hanns Dieter Hüsch
(1925 – 2005)

Vergnügt glauben, aufrütteln und trösten – das war das
Metier von Hanns Dieter Hüsch. Der Kabarettist, Autor und
Liedermacher vom Niederrhein verband Glauben und Humor.
Als das zentrale Element des christlichen Glaubens suchte
er die Liebe in allen Menschen und den alltäglichsten Dingen.

„Auch die Heiterkeit und die Leichtigkeit gehören zur Philosophie. "

23. **Deutscher Evangelischer Kirchentag** in Berlin, Waldbühne: Liturgisches Fest. Hanns Dieter Hüsch betritt die Bühne und verkündet die verstörende Nachricht: Gott ist aus der Kirche ausgetreten! Ausgerechnet zu diesem Anlass und an diesem Ort trägt er vor, was seiner Meinung nach die Kirche wohl dazu zu sagen hätte: *„Wir, die Kirche, haben Gott, dem Herrn, in aller Freundschaft nahegelegt, doch das Weite aufzusuchen, aus der Kirche auszutreten und doch gleich alles mitzunehmen, was die Kirche immer schon gestört. Nämlich seine wolkenlose Musikalität, seine Leichtigkeit und vor allem Liebe, Hoffnung und Geduld. Seine alte Krankheit, alle Menschen gleich zu lieben, seine Nachsicht, seine fassungslose Milde, seine gottverdammte*

Art und Weise, alles zu verzeihen und zu helfen – sogar denen, die ihn stets verspottet; seine Heiterkeit, sein utopisches Gehabe, seine Vorliebe für die, die gar nicht an ihn glauben, seine Virtuosität des Geistes überall und allenthalben, auch sein Harmoniekonzept bis zur Meinungslosigkeit, seine unberechenbare Größe und vor allem, seine Anarchie des Herzens – usw."

(Hüsch, Das Schwere leicht gesagt)

Wenn Gott die Arme ausbreitet, dann sind dagegen all unsere Meinungen, Pläne, Ansichten ganz winzige, kleine Scherze.

Kaum etwas beschreibt den Protestanten Hüsch besser als diese berühmt gewordene Begebenheit: Sie zeigt seine Fähigkeit zu hintersinniger Kritik, verbunden mit einem unerschütterlichen Glauben an die Liebe und dem Mut, an den richtigen Stellen die Stimme zu erheben. Und dabei nicht nur sein Publikum zum Lachen zu bringen, sondern auch die, über die gelacht wurde. Vergnügt glauben, das war das Credo von Hanns Dieter Hüsch. Beobachten, aufrütteln und auch trösten, das

konnte er wie kaum ein anderer. Der Kabarettist, Autor
und Liedermacher – aber auch Schauspieler, Synchron-
sprecher (u.a. in „Dick und Doof"), Moderator und
Kinderbuchmacher – vom Niederrhein verband Glauben und Humor. Er suchte als das zentrale Element des
christlichen Glaubens die Liebe in allen Menschen und
alltäglichen Dingen.

Geboren in Moers am 6. Mai 1925, hatte er in der
Kindheit mit seinen missgebildeten Füßen zu kämpfen.
Erst mehrere Operationen versetzten ihn in die Lage,
einigermaßen sicher zu gehen. An Sport war nicht zu
denken. Aber nicht nur das machte ihn häufig einsam:
„Das Wissen um nicht fassbare Vorgänge hat meine
Beziehung zur Welt schon früh geprägt. Ich hatte eine
schöne Kindheit. Aber wenn ich von Dingen wusste,
von denen die anderen offenbar nichts wussten oder
auch nichts wissen wollten, fühlte ich mich einsam.
Einsamkeit entsteht nicht dadurch, dass man niemanden um sich hat, sondern dadurch, dass man Gedanken
für gültig ansieht, die den anderen als abwegig gelten.
Das Ungeahnte und das Himmelschreiende gehören
in diese Welt. Nur dann ist das Dasein ganz. Für mich
war der Globus von Anfang an unendlich groß und un-
fasslich." (Hüsch, in „Der Tagesspiegel")

Ähnliches erfuhr er auch später wieder, als er nicht
aufhörte, in Kirchen und auf Kirchentagen aufzutreten,
sich öffentlich zu seinem Glauben zu bekennen und
diesen immer wieder zu thematisieren. In der Kabarett-
szene stieß er damit wiederholt auf Unverständnis und

Kritik, nicht selten auch auf Hohn und Spott. Hüsch aber wehrte sich dagegen, indem er die Behauptung, politisch engagiertes Kabarett und Kirchennähe passten nicht zusammen, als Klischee abtat.

Seinem gesellschaftlich-politischen Engagement tat sein Bekenntnis keinen Abbruch. Er verschrieb sich nicht der Kritik aktueller Tagespolitik, wohl aber dem beständigen Nonkonformismus. Unermüdlich arbeitete er gegen Krieg, Hass und Gewalt, engagierte sich in der Friedensbewegung und protestierte gegen Neonazismus. Das tat er gerne mit komischen bis ätzenden Texten, absurd-lakonischen Versen und fröhlich-poetischen Erzählungen mit Widerhaken. In über 50 Jahren auf Bühnen und in Radio und Fernsehen wandte sich Hüsch an die „einfachen Menschen". Mit über 70 Soloprogrammen tourte er kreuz und quer durch Deutschland. Oft spielte er 200 Vorstellungen pro Jahr und brachte sein Publikum zum Lachen – und auch zum Weinen.

Doch er war eben auch ein großer Tröster: Gesellschaftskritisches Engagement und das Vertrauen auf Gott und Jesus Christus gehörten für ihn untrennbar zusammen. Da hatte der philosophische Clown und Wanderprediger unumstößliche Prinzipien. Seine poetische Lyrik wie seine launigen Beobachtungen trug Hüsch zur Musik seiner kleinen Philicorda-Orgel vor. Seine Alltagsbeobachtungen speisten sich vor allem aus einem genauen Blick auf Menschen und Dinge: Er war einer, der liebevoll hinschaute, aber auch sezieren konnte, was Familienmitglieder, Nachbarn und mithin auch „die Gesellschaft" ihm an skurrilen Vorlagen boten.

Und so erzählte Hüsch in seinen literarisch-poetischen Texten, vor allem in seinen modernen Psalmen, nicht nur von der Erhabenheit und Größe Gottes. Sondern er zeigte „seinen" Gott auch gerne im Kleinen, in menschlicher Gestalt, eben im Alltag. Anrührender und komischer ist der Glaubenssatz von der Menschwerdung Gottes wohl kaum jemals übersetzt worden als in Hüschs Geschichten, in denen er Gott in Dinslaken trifft. Eigentlich wollte Hüsch ja dort mit ihm zusammen eine Wäscherei aufmachen, aber Gott nimmt ihn mit auf seinem Fahrrad, auf der Lenkstange – und zeigt ihm den Himmel. Und auf dem Rückweg bietet Gott ihm auch noch einen seiner unzähligen ausrangierten Heiligenscheine an, die er auf dem Gepäckträger hat: *„Eigentlich habe ich die Heiligenscheine mehr für die Kinder gedacht, aber wenn ich da oben sitze und schmeiße die Dinger runter, dann fangen die Erwachsenen die Heiligenscheine natürlich auf, ich meine, ist ja logisch. Die sind ja ganz süchtig danach."*
„Ja", sagte ich dann, „ich will mich ja nicht aufdrängen. Aber wenn du einen übrig hast, warum nicht." „Gut", sagte er. „Bevor ich dich zu Hause absetze mit dem Fahrrad, probieren wir einige aus." Und kurz danach landete das Fahrrad auch schon, und der liebe Gott sagte: „Bitte die Tische hochklappen und sich so lange festhalten, bis das Fahrrad seine endgültige Position erreicht hat. So", sagte er, als das Fahrrad in einer

Nebenstraße gelandet war. „Jetzt hole ich mal die Heiligenscheine und du kannst dir einen aussuchen." Und ich musste alle anprobieren, bis ... also, er war so was von pingelig, kann ich Ihnen sagen. Wirklich wahr! Also: Bis wir den richtigen gefunden hatten, das dauerte Minuten und der liebe Gott guckte sich alles an und sagte: „Den nehmen wir. Den nehmen wir, der hält mindestens zwanzig Jahre und man kann ihn dimmen", sagte er. „Man kann ihn dimmen." (Hüsch, Wir sehen uns wieder)

Hüsch selbst war ein wenig wie dieser freundliche – und etwas kauzige – Gott. Er versuchte trotz aller Abgründe, die sich ihm und seinen Mitmenschen in den Zeitläufen darboten und die er durchaus als solche wahrnahm und beschrieb, immer das Gute zu finden. Er wollte Nachsicht üben und die Liebe in den Vordergrund stellen: *„Die Frage ist: Sollen wir sie lieben, diese Welt? Sollen wir sie lieben? Ich möchte sagen: Wir wollen es üben."* (Hüsch, Wir sehen uns wieder)

Hanns Dieter Hüsch war unbeirrbar und er blieb zuversichtlich, legte oft genug den Finger in die Wunde. Aber er war sicher kein Missionar. Wenn er etwas lehrte, dann Toleranz, Hoffnung und Menschlichkeit. Er war auf seine eigene, unterhaltsame Art ein Lehrer – aber kein Oberlehrer. Er stand und steht für einen fröhlichen und zuversichtlichen Glauben, der sich engagiert im Namen der Liebe und der von Gott und den Menschen mit einem Augenzwinkern erzählt. So, wie es am Ende eines seiner modernen Psalmen heißt: „Was macht, dass ich so furchtlos bin an vielen dunklen Tagen. Es kommt ein Geist in meinen Sinn, will mich durchs Leben tragen. Was macht, dass ich so unbeschwert und mich kein Trübsinn hält, weil mich mein Gott das Lachen lehrt wohl über alle Welt." *Claudius Grigat*

Denn der Glaube an Jesus Christus, das ist auch der Zweifel an den sogenannten Wirklichkeiten, die uns täglich verkauft werden, um die Wahrheit und das Elend weltweit zu verschleiern.

Frage 18

Wo trifft man Ihrer Meinung nach *Gott am leichtesten?*

◯ Im Gebet.

◯ In der Natur.

◯ In der Gemeinschaft.

◯ Im Bibelstudium.

Man kann sich Gott in den unterschiedlichsten Momenten nah fühlen. Solche Momente können urplötzlich entstehen, dann weiß man einfach: Gott ist da. Man kann solche Momente aber auch suchen. Dabei gibt es verschiedene Wege, bekannt sind vor allem zwei: Man kann Gott in der Einsamkeit suchen oder in der Gemeinschaft mit anderen Gläubigen. Die Einsamkeit hat einen großen Vorteil: Man wird nicht abgelenkt. So kann man sich ganz auf sich selbst und auf Gott konzentrieren. Der Vorteil am gemeinschaftlichen Weg ist, dass man einander unterstützen kann, sei es mit Worten, Liedern oder einfach durch die Tatsache, dass man gemeinsam Gott einlädt, dabei zu sein. *Jesus sagte: „Wo zwei oder drei versammelt sind in meinem Namen, da bin ich mitten unter ihnen."* (Matthäus 18,20) Das ist ein klares Votum für die Gemeinschaft. Jesus selbst suchte aber auch immer wieder die Einsamkeit des Gebetes, um sich Gott nahe zu fühlen. Zum Beispiel am Abend seiner Gefangennahme: Er ging allein in den Garten Gethsemane, um zu beten (Matthäus 26,36). Jesus selbst hat also beide Möglichkeiten des Zusammenseins mit Gott gekannt und befürwortet.

Eine weitere Frage schließt sich an: Welche Einsamkeit eignet sich, um Gott zu begegnen? *Für manche Menschen ist es die Erfahrung der Natur, die sie dazu bringt, sich Gott nah zu fühlen.* All das Leben um sich herum spüren zu können, kann zur Erkenntnis führen, eins zu sein mit der Schöpfung. Der Satz von Albert Schweitzer „Ich bin Leben inmitten von Leben, das leben will" drückt solche Erfahrung und Einsicht aus. Auf diese Weise kommt man Gott, dem Schöpfer nah.

Mehr zu Dietrich Bonhoeffers Schicksal ab Seite 190

Der Theologe **Dietrich Bonhoeffer** war während seiner Haft in Berlin von 1943 bis zu seiner Hinrichtung am 9. April 1945 gezwungenermaßen meist allein. Bonhoeffer schaffte es, seinem Gott auch im Gefängnis nah zu sein. Not und Bedrohung können dazu führen, Gottes Nähe intensiv zu erfahren. Bonhoeffers berühmtes Gedicht, das er Ende 1944 verfasste, macht dies besonders anschaulich: „Von guten Mächten wunderbar geborgen".

Sowohl den Weg der Kontemplation als auch den der Gemeinschaft wählte **Dorothee Sölle**. *Die Poesie, die sie verfasste, zeugt von einer innigen Liebe und Nähe zu Gott, die ganz direkt ist und niemanden sonst braucht.* Gleichzeitig aber suchte sie immer die Gemeinschaft. Das „Politische Nachtgebet" von 1968, das sie mitinitiierte, war ein Forum für möglichst viele Menschen, um gemeinsam einen politischen Gottesdienst zu feiern. Wichtig war, dass die Bibel hier gemeinschaftlich ausgelegt wurde. Sölle suchte Gott zeitlebens auch in der Gemeinschaft.

Mehr zu Dorothee Sölles Poesie ab Seite 176

Eine der größten Zusammenkünfte evangelischer Christinnen und Christen ist in Deutschland der Evangelische Kirchentag. *Der Kirchentag war von seinem Beginn im Jahre 1949 an eine Laienbewegung, also kein Treffen von Geistlichen allein, sondern von allen Gläubigen.* Er hat sich immer mehr auch zu einem evangelischen Jugendtreffen entwickelt und viele Hunderttausende Jugendliche haben sich in der Gemeinschaft, die sie auf dem Kirchentag erfahren haben, Gott besonders nah gefühlt. Auch für Erwachsene war und ist der Kirchentag immer eine Quelle für ihren Glauben und ihre Spiritualität. **Richard von Weizsäcker** gehörte dem Präsidium des Kirchentags von 1962 bis 1989 an. Mehrfach war er Kirchentagspräsident und sorgte mit diesem Engagement dafür, dass solche Begegnungen mit Gott und miteinander für so viele Menschen möglich waren.

Mehr zum Bundes- und Kirchentagspräsidenten Richard von Weizsäcker ab Seite 126

175

Dorothee Sölle
(1929 – 2003)

Dorothee Sölle steht für einen freien, aufgeklärten und widerständigen Geist. Ihre Theologie hat vielen geholfen, die nach Auschwitz noch an Gott glauben wollten. Sie kämpfte mit Worten und Taten gegen Unterdrückung jeder Art.

Je glücklicher einer ist, desto leichter kann er loslassen.

nicht du sollst den flüchtlingen raum geben
sondern ich soll dich aufnehmen
schlecht versteckter gott der elenden (...)
hör nicht auf mich zu träumen gott

(Sölle, Loben ohne Lügen)

Die diese Zeilen geschrieben hat, ist eine der einflussreichsten Theologinnen des 20. Jahrhunderts. Sie hatte nie einen Lehrstuhl in Deutschland inne, obwohl sie promoviert und auch habilitiert war. Vom deutschen Universitätsbetrieb wurde sie fast zeitlebens unterschätzt und sogar lächerlich gemacht: Dorothee Sölle.

1929 wurde sie als Dorothee Nipperdey in einem vornehmen Kölner Vorort geboren: eine höhere Tochter, der Vater Juraprofessor, die Mutter Mittelpunkt des großbürgerlichen Haushaltes mit fünf Kindern. Nach innen steht die Familie dem Nationalsozialismus kritisch gegenüber. Nach außen hat der Vater sich mit den Nazis arrangiert. 1950, sie ist 20, liest sie Anne Franks Tagebuch. Das jüdische Mädchen ist der gleiche Jahrgang wie sie. Da begreift sie, dass sie zum Volk der Täter gehört. Dieses Wissen wird sie nicht mehr loslassen.

Im Studium der Theologie findet Dorothee Sölle eine Art Heimat, die sie in der etablierten Kirche nicht hat. Christus wird für sie „das Gesicht eines Menschen, eines zu Tode Gefolterten vor zweitausend Jahren" (Sölle, Gegenwind), der sich trotzdem weiter an Gott hielt.

Sie fragt: Wie kann man nach Auschwitz noch singen von einem allmächtigen Gott, „der Wolken, Luft und Winden gibt Wege Lauf und Bahn"? Und sie entwickelt im Anschluss an Dietrich Bonhoeffer eine Theologie nach dem Tode Gottes. *Gott der Allmächtige muss tot sein, anders ist sein Schweigen zu den Grausamkeiten der Welt nicht zu erklären.* An die Stelle der Vorstellung eines über allem thronenden Gottes tritt für Sölle Jesus von Nazareth, Christus, der ohnmächtige Gott, der auf die Hilfe der Menschen angewiesen ist und leidenschaftlich an der Sache Gottes für die Welt festhält.

Mittlerweile ist Dorothee Sölle verheiratet. Das Paar hat drei Kinder. Die Ehe zerbricht. Später lernt sie den Benediktinermönch Fulbert Steffensky kennen. Sie heiraten und haben eine gemeinsame Tochter. Bis zu

Dorothee Sölles Tod werden sie sich gegenseitig anregen und gemeinsam engagieren. „Er verspottet meinen protestantischen Wahrheitsfimmel und ich seine katholisch-liebenswürdige Unschärfe." (Sölle, Gesammelte Werke, Band 8)

Zusammen mit anderen begründen sie das „Politische Nachtgebet" in der Kölner Antoniterkirche. Die Kirche ist überfüllt. Aktuelle politische und gesellschaftliche Fragen werden diskutiert, aber auch immer ein biblischer Text meditiert. Die Kirchenleitungen betrachten all das mit großem Misstrauen. In den 1980er Jahren sind die Politischen Nachtgebete das Vorbild für die montäglichen Friedensgebete in Leipzig – mit denen die Friedliche Revolution in der DDR beginnt.

Sölle engagiert sich in der Friedens-, Eine-Welt- und in der Antiatomkraftbewegung. Immer findet sie deutliche Worte. 1983 spricht sie vor dem Ökumenischen Rat der Kirchen: „Ich spreche zu Ihnen als eine Frau, die aus einem der reichsten Länder der Erde kommt, einem Land mit einer blutigen, nach Gas stinkenden Geschichte. (...) Zwischen Christus, der die Fülle des Lebens für alle bedeutet, und den Verarmten schiebt sich die Ausbeutung als die Sünde der Reichen, die versuchen, das Versprechen Christi zu zerstören." („Die Zeit")

Für Reden wie diese wird sie in der Bundesrepublik von den einen angefeindet, für die anderen ist sie eine Heldin und Prophetin. Die Freundschaft mit der Neutestamentlerin Luise Schottroff eröffnet ihr neue Zugänge zu den biblischen Texten. Sie entdeckt den Gott

Israels und die Kontinuität zwischen dem Alten und dem Neuen Testament. Die Feministische Theologie und die Theologie der Befreiung Lateinamerikas prägen ihr Denken. Zehn Jahre lang hat Dorothee Sölle eine Professur für Systematische Theologie in New York inne. Was in Deutschland nicht denkbar zu sein scheint, in den USA ist es möglich: Sölles Theopoesie, ihre Verbindung von Theologie und Poesie, ihr immer auch poetisches Sprechen von Gott bekommt einen Platz im Wissenschaftsbetrieb. Und damit auch ihre ganze so streitbare, manchmal schrille, dann wieder zerbrechliche und empfindsame Person.

> *Wenn ich einen Traum von der Kirche habe, so ist es der Traum von den offenen Türen gerade für die Fremden, die anders sprechen, essen, riechen.*

Zurück in Deutschland schreibt sie ihr Alterswerk: „Mystik und Widerstand". Hier verbindet sie noch einmal die Themen ihres Lebens: die Liebe zu Gott und das unermüdliche Eintreten für eine gerechte Welt, in der es genug für alle gibt und in der alles mit allem verbunden ist. 2003 stirbt Dorothee Sölle im Alter von 73 Jahren.

Als ich einmal sehr deprimiert war, hat mir ein Freund, ein Pazifist aus Holland, etwas sehr Schönes gesagt: „Die Leute im Mittelalter, welche die Kathedralen gebaut haben, haben sie ja nie fertig gesehen. Zweihundert oder mehr Jahre wurde daran gebaut. Da hat irgendein Steinmetz eine wunderschöne Rose gemacht, nur die hat er gesehen, das war sein Lebenswerk. Aber in die fertige Kathedrale konnte er nie hineingehen. Doch eines Tages gab es sie wirklich. So ähnlich musst du dir das mit dem Frieden vorstellen.“

(Sölle, Gegenwind)

Es gibt kaum eine Theologin, deren Werk so eng mit ihrer Gegenwart verknüpft ist, wie Dorothee Sölle. Nichts lag ihr ferner als eine Theologie im Elfenbeinturm, ein Glasperlenspiel fernab von Schmerz und Ungerechtigkeit der Welt. Von ihr zu lernen heißt, ganz gegenwärtig zu sein – in der mehrfachen Bedeutung dieses Wortes: gegenwärtige Zeitgenossin sein, politisch und gesellschaftlich engagiert, parteiisch für eine „Kirche für andere“. Dabei die Welt nicht akzeptieren, wie sie ist. Stattdessen das für möglich halten: dass Jesu Seligpreisungen heute gelten, genau jetzt – nicht den Etablierten, den Gebildeten, Privilegierten, nicht der Kirche in ihrer verfassten Form, sondern denen am Rand. Und schließlich: im Augenblick gegenwärtig sein und Gott darin finden. Mystikerin werden, verbunden sein mit allem. *Birgit Mattausch*

Frage 19

Was halten Sie von der Idee,
dass Pfarrer bunte Talare tragen sollten?

◯ Albern!

◯ Das geht gar nicht!

◯ Ist mir egal!

◯ Warum nicht?

◯ Unbedingt!

Der schwarze Talar mit dem weißen Beffchen ist das Markenzeichen evangelischer Pfarrerinnen und Pfarrer. Er wird in allen Landeskirchen getragen, auch wenn es Unterschiede im Schnitt gibt. Diese schwarze „Uniform" geht auf den Preußenkönig Friedrich Wilhelm III. zurück, der 1811 den Talar für alle Beamten des preußischen Stammlandes einführte. Friedrich Wilhelm ließ den Talar nach Bildern aus der Reformationszeit entwerfen, unterlag indes einem Irrtum: Die Vorlagen zeigten Luther und andere Reformatoren nicht in dem Gewand, das sie während des Gottesdienstes trugen, sondern im Professorengewand, den sogenannten Schauben.

Martin Luther selbst trug während des Gottesdienstes das, was Geistliche seiner Zeit eben trugen: Chorhemd und Kasel. Diese Gewänder waren einfach geschnitten, konnten aber durchaus bunt sein. Lediglich zur Predigt legte er diese priesterlichen Gewänder ab und predigte in „gewöhnlicher" Kleidung, also auch in dem schwarzen Professorengewand, aus dem später der preußische Talar wurde. Während Luther die liturgische Kleidung nicht so wichtig war, wurde in den reformierten Gebieten, geprägt durch Zwingli und Calvin, viel Wert darauf gelegt: Auf keinen Fall sollten römische Messgewänder getragen werden. Der reformierte Gottesdienst wurde schon bald in schlichter, dunkler Kleidung gehalten.

Seit Anfang des 20. Jahrhunderts sind sämtliche evangelischen Pfarrer in schwarze Talare gewandet – mit Ausnahme der Pastorinnen und Pastoren einiger Freikirchen, also zum Beispiel der Baptisten. In den Freikirchen wird überhaupt keine besondere Amtstracht getragen, sondern man leitet den Gottesdienst in üblicher Sonntagskleidung, wie sie alle anderen auch tragen, die den Gottesdienst besuchen. In den USA trug der Baptistenpastor **Martin Luther King** allerdings durchaus einen schwarzen Talar im Gottesdienst, gern mit einer roten Stola darüber. Das hatte einen ganz bestimmten Grund. *In einer Zeit, in der sich die Weißen in den USA gern über Schwarze lustig machten, wollte King auch als Geistlicher ernst genommen werden. Seine Kleidung machte deutlich, dass hier jemand redet, der den weißen Geistlichen ebenbürtig ist.*

Mehr über den Talarträger Martin Luther King ab Seite 44

Als die Talare der Professoren in den späten 1960er Jahren während der Studentenbewegung zum Sinnbild einer autoritären Universitätsstruktur wurden, protestierten auch Vikarinnen und Vikare der bayerischen Landeskirche gegen den „Talarzwang". Infolge dieser Proteste bekam der Modeschöpfer Heinz Oestergaard 1970 den verdeckten Auftrag, neue bayerische Talare zu entwerfen. *Oestergaard entwarf zu dieser Zeit auch sehr erfolgreich Uniformen für Polizei und Post. Seine*

Talare wurden dem Referenten für Gottesdienstfragen der Bayerischen Landeskirche vorgeführt, der sie schockiert ablehnte – vor allem die etwas gewagteren Modelle – und alle Beteiligten um Stillschweigen in dieser Sache bat. So erfuhr die Öffentlichkeit erst zwanzig Jahre später, dass es diesen Versuch gegeben hatte.

Wie häufig im Protestantismus, so soll auch der schwarze Talar ein sichtbares Zeichen dafür sein, anders (und nicht katholisch!) zu sein: schlicht und gelehrt. *Der Pfarrer wird nicht zum Priester geweiht und bekommt deswegen kein Priestergewand. Stattdessen wird der evangelische Geistliche mit einem Amt beauftragt und bekommt eine Amtstracht.* Die ebenfalls evangelische Kirche von England hat einen anderen Weg beschritten: Der Vater der britischen Schriftstellerin **Charlotte Brontë** war Pfarrer. Er trug vermutlich mit großer Selbstverständlichkeit die englische Amtstracht, die bereits 1522 im „Book of Common Prayer" beschrieben wurde.

Mehr zum Haushalt, aus dem Charlotte Brontë stammte, ab Seite 16

Wie man über schwarze Talare oder die Kleidung von Geistlichen insgesamt denkt, sagt viel darüber aus, wie wichtig Traditionen für den eigenen Glauben sind und an welche Traditionen man anknüpfen möchte. Möchte man lieber das Klerikale betonen oder vielmehr das Lehrende? Geht es darum, sich möglichst deutlich in die Tradition der evangelischen Kirche zu stellen? Oder will man betonen, dass im Protestantismus das Priestertum aller Getauften besonders wichtig ist? *Kleider machen Leute – auch Kirchenleute.*

Wie reagieren Sie, *wenn jemand beim Spielen schummelt?*

◯ Ich sehe lächelnd darüber hinweg.

◯ Ich weise die Person darauf hin, dass ich es gesehen habe.

◯ Ich werde wütend und beende das Spiel.

◯ Ich halte eine Ansprache darüber, warum Schummeln nicht gut ist.

◯ Ich versuche, beim nächsten Mal auch zu schummeln.

Regeln machen das Zusammenleben einfacher.
Wenn man weiß, wie man sich verhalten soll, muss man nicht ständig nachdenken, sondern kann sich einfach an die Regeln halten. Eine Gesellschaft ohne Regeln würde nicht funktionieren. *Man stelle sich nur mal vor, man müsste jedes Mal, wenn zwei Autos einander begegnen, sich zuerst darüber verständigen, wer gerade Vorfahrt haben soll.* Der Verkehr würde stehen. Wichtig ist allerdings, dass die Regeln für alle gleichermaßen gelten. Wer sich nicht an die Regeln hält, verschafft sich einen Vorteil, der ihm nicht zusteht. Im Spiel kann man den Regelbruch vielleicht großzügig verzeihen, da es nicht um viel geht. In anderen Zusammenhängen aber wird durch solch einen Regelbruch unser Gerechtigkeitsempfinden zutiefst gestört. Wenn alle Menschen Steuern zahlen, stört derjenige, der dies nicht tut, das gesellschaftliche Gefüge. Ein Regelbruch geht immer zulasten anderer Menschen, ob man das nun direkt merkt oder nicht. *Darum müssen diejenigen, die Regeln brechen, auch mit Konsequenzen rechnen.* Wer in einer Abschlussarbeit abschreibt, sei es bei der Nachbarin oder im Internet, muss damit rechnen,

durch die Prüfung zu fallen und darüber hinaus kann man wegen eines Betrugsversuches angezeigt werden.

Ein absichtlicher Regelbruch hat immer einen Grund: Vielleicht ist es jemandem zu mühsam, eine entsprechende Regel einzuhalten. Oder man will sich in einer Konkurrenzsituation einen Vorteil verschaffen. Solche Gründe sind egoistisch und werden darum von anderen nicht akzeptiert. Allerdings kann es aus sehr guten Gründen zu Regelbrüchen kommen, zum Beispiel, wenn die geltenden Regeln eben nicht von allen verabredet wurden. Das haben Protestanten von Anfang an erlebt. **Katharina von Bora** brach mit den Regeln ihres Ordens und ihrer Kirche, als sie das Kloster verließ und Martin Luther heiratete. Sie tat das nicht, um ein schöneres Leben zu führen, sondern weil sie der Überzeugung war, dass die Regeln der römischen Kirche die Menschen unterdrücken. *Schließlich werden Regeln häufig nicht in einem Prozess festgelegt, an dem alle Betroffenen auch beteiligt sind,* sondern sie werden von denjenigen gemacht, die genügend Macht besitzen, ihre Regeln durchzusetzen. Wenn Regeln geschaffen werden, um andere Menschen auszugrenzen, auszubeuten oder zu unterdrücken, kann ein Regelbruch das richtige Mittel sein, um sich zu wehren.

Die Regeln für **Clara Schumann** waren ebenfalls klar. Als Minderjährige unterstand sie der Autorität ihres Vaters. Der wollte, dass seine Tochter als Pianistin brilliert, und das bedeutete, dass er mit allen Mitteln gegen ihre Liebe zu Robert Schumann kämpfte. *Robert*

Mehr zu den Regeln, die Katharina von Bora brach, ab Seite 152

Mehr über die Regeln, die Clara Schumann fesselten, ab Seite 56

gewann den Prozess um Clara, und so wechselte sie von einer Bevormundung in die nächste, denn nun hatte sie sich dem Gesetz nach ihrem Mann unterzuordnen. Ihr Leben lang musste Clara für ihre Freiheit kämpfen und dabei auch so manche Regel verletzen. Hätte sie sich an alle Regeln gehalten, dann hätte das Korsett, in das man sie zwingen wollte, Clara vermutlich umgebracht.

Der Theologe **Dietrich Bonhoeffer** wusste von den Plänen, Hitler zu ermorden. Um nichts und niemanden zu verraten, log er 1943 nach seiner Verhaftung während der Verhöre. Zu lügen war für Bonhoeffer selbstverständlich ein Regelverstoß, erst recht war es die Planung eines Attentats. Dennoch waren es gute Gründe, die Bonhoeffer dazu brachten, diese Regeln zu brechen. Bonhoeffer hätte niemals behauptet, unschuldig zu sein. Er wollte aber lieber mit dieser Schuld leben als mit der, die er auf sich geladen hätte, wenn er anders gehandelt hätte.

Mehr zu den Regeln, die Dietrich Bonhoeffer bekämpfte, ab Seite 190

Ob man die Gründe einer Katharina von Bora, einer Clara Schumann oder eines Dietrich Bonhoeffer nun teilt oder nicht, eines ist ihnen gemeinsam: *Alle waren sich ihres Regelverstoßes sehr bewusst und waren bereit, die Konsequenzen dafür zu tragen. Ihre Regelverletzungen geschahen außerdem nicht, um sich einen Vorteil zu verschaffen, sondern aus dem Bewusstsein heraus, dass die Regeln falsch waren.*

Dietrich Bonhoeffer
(1906 – 1945)

Dietrich Bonhoeffer steht für geradlinige Protestanten,
die es wagen, ihren Glauben mutig zu bekennen –
auch gegen die Mächtigen ihrer Zeit. Der Theologe
und Pfarrer gehörte der Bekennenden Kirche an, beteiligte
sich an Umsturzplänen gegen Hitler und wurde dafür
von den Nazis erhängt.

> **Ich glaube, dass Gott aus allem, auch aus dem Bösesten, Gutes entstehen lassen kann und will.**

Wie soll ein Christ in der Welt leben? Wie kann er seinem Gewissen folgen und verantwortlich Entscheidungen treffen? Solche Fragen stellte sich Dietrich Bonhoeffer in einer Zeit, in der es besonders schwer war, aufrichtig und geradlinig zu bleiben. Der Pastor sah, wie die Nazis immer schlimmer gegen Juden vorgingen – und konnte dazu nicht schweigen. Glaube, Theologie und Leben gehörten für Bonhoeffer untrennbar zusammen, er schrieb einmal, „dass eine Erkenntnis nicht getrennt werden kann von der Existenz, in der sie gewonnen ist". Sein konsequenter Weg führte ihn in den Widerstand gegen Hitler und schließlich in den Tod.

Christ sein kann man nach Bonhoeffers Überzeugung nur in der „Gemeinschaft der Glaubenden". Doch was ist die Aufgabe der Kirche mitten in der Welt? „Die Kirche ist nur Kirche, wenn sie für andere da ist", lautet eine weitere von Bonhoeffers einprägsamen Formulierungen. So, wie Jesus „der Mensch für andere" war, muss die Gemeinschaft der Glaubenden für ihre Mitmenschen eintreten. Das bedeutet auch, dass sie an deren Leiden teilnimmt.

Geboren wurde Dietrich Bonhoeffer als sechstes von acht Kindern der Eheleute Karl und Paula Bonhoeffer. Sein Vater war Professor für Neurologie und Psychiatrie in Berlin, seine Mutter ausgebildete Lehrerin. Im Hause Bonhoeffer hielten alle zusammen, und die Kinder lernten, aufeinander Rücksicht zu nehmen. Lesen und Lernen waren selbstverständlich, außerdem erhielt jedes Kind Musikunterricht – Dietrich spielte sehr gut Klavier.

Die Kinder wurden von ihrer Mutter christlich, aber nicht im engeren Sinne kirchlich erzogen. Der Vater war humanistisch geprägt und stand Dietrichs Berufswunsch skeptisch gegenüber: Sein Sohn wollte Pfarrer werden.

Er muss ein sehr nachdenklicher und fleißiger, begabter und selbstbewusster Mensch gewesen sein: Schon mit 25 Jahren hatte Dietrich Bonhoeffer seine Promotion und Habilitation abgeschlossen, ein Auslandsvikariat in Barcelona und ein Studienjahr in New York absolviert sowie beide theologischen Examen abgelegt. 1931 wurde er ordiniert, arbeitete als Studentenpfarrer und lehrte an der Berliner Universität.

Oft erkannte Dietrich Bonhoeffer die Zeichen der Zeit früher als andere. Fast prophetisch wirkte ein Radiovortrag, den er – zufällig – zwei Tage nach Adolf Hitlers Machtergreifung hielt: Darin warnte der junge Theologe, aus einem „Führer" könne ein „Verführer" werden. Doch die Zuhörer bekamen das Ende nicht mit, denn die Übertragung wurde abgebrochen, weil der Text zu lang war. Bonhoeffer ärgerte sich und schickte Kopien seiner Rede an Freunde und Verwandte. Er wollte gehört werden – nicht um seiner selbst willen, sondern weil er etwas zu sagen hatte.

Nicht immer waren seine Zuhörer derselben Meinung wie er. Im April 1933 hielt Bonhoeffer vor einer Runde von Pfarrern den Vortrag „Die Kirche vor der Judenfrage". Darin ging es um das Verhältnis zwischen Kirche und Staat. Bonhoeffer fand es falsch, Christen mit jüdischem Hintergrund zu diskriminieren und aus der Kirche auszuschließen. Er meinte, die Kirche müsse den Staat kritisch fragen, ob dieser sein Handeln verantworten könne. Aus diesem Vortrag stammt Bonhoeffers vielleicht berühmteste Formulierung: Die letzte Möglichkeit, die die Kirche habe, sei, „dem Rad selbst in die Speichen zu fallen".

Diese Forderung ging einigen Pfarrerkollegen zu weit. Die Kirche war gespalten: Während die Glaubensbewegung Deutsche Christen der NSDAP folgte, sahen sich Bonhoeffer und andere zum Widerstand herausgefordert. Konkretes Handeln war nötig, als ab 1933 Pfarrer jüdischer Abstammung durch den „Arierpara-

graphen" in ihrer beruflichen Existenz bedroht waren. Um sie zu unterstützen, gründete Bonhoeffer zusammen mit Martin Niemöller und weiteren Mitstreitern den Pfarrernotbund, aus dem wenig später die Bekennende Kirche hervorging. An deren Gründungssynode 1934 in Wuppertal-Barmen nahm Bonhoeffer allerdings nicht teil, weil er sich für eine Pfarrstelle in London entschieden hatte. Er wollte Abstand vom Kirchenkampf gewinnen und sich in normaler Gemeindearbeit üben. Ein Pfarramt in Berlin hatte er abgelehnt, denn für die preußische Kirche, die den „Arierparagraphen" eingeführt hatte, wollte er nicht arbeiten.

„

Den größten Fehler, den man im Leben machen kann, ist, immer Angst zu haben, einen Fehler zu machen.

"

Bonhoeffer begann, sich international zu vernetzen und nahm 1934 an einer ökumenischen Konferenz im dänischen Fanö teil. Dort hielt er eine Rede über die Aufgabe der weltweiten Kirche bei drohendem Krieg: Frieden, sagte Bonhoeffer, sei heute ein Gebot Gottes, Aufrüstung sei der falsche Weg. *„Brüder ... können nicht die Waffen gegeneinander richten, weil sie wissen, dass sie damit die Waffen auf Christus selbst richteten."*

War Dietrich Bonhoeffer Pazifist? In den dreißiger Jahren fanden es auch Pfarrer völlig normal, ihr Vaterland mit der Waffe zu verteidigen, und Bonhoeffer respektierte das. Seiner eigenen Einberufung entzog er sich allerdings später, indem er nach Amerika auswich. Doch er war kein Pazifist aus Prinzip: Nach dem Beginn des Zweiten Weltkriegs war Bonhoeffer bereit, einen gewaltsamen Putsch gegen Hitler zu unterstützen.

Doch zunächst wurde Bonhoeffer gebeten, nach Deutschland zurückzukehren, um die Ausbildung des Pfarrernachwuchses der Bekennenden Kirche zu übernehmen. Das geschah ab 1935 im Predigerseminar in Zingst und Finkenwalde und – nach der Schließung durch die Gestapo 1937 – in illegalen „Sammelvikariaten". Bonhoeffer wollte die Vikare nicht nur akademisch schulen. Wichtiger war ihm, dass sie lernten, aus einer echten inneren Christusverbindung heraus zu leben. Gebet, Bibellesen und Singen standen ganz oben auf dem Lehrplan. Bonhoeffer wohnte mit den Vikaren in einer klösterlichen Bruderschaft zusammen und schrieb darüber das Buch „Gemeinsames Leben" (1939).

Während dieser Zeit beschäftigte sich Bonhoeffer intensiv mit der Bergpredigt. Er wollte die Worte Jesu ernst nehmen und danach leben. „Nur der Glaubende ist gehorsam, und nur der Gehorsame glaubt", schrieb er in seinem Buch „Nachfolge" (1937). Es ging ihm um die Frage, was es wirklich bedeutet, Christus nachzufolgen – und zwar in der konkreten Situation des Kirchenkampfes. In dem Buch ist von der „billigen"

und „teuren Gnade" die Rede. Bonhoeffer formulierte: *„Billige Gnade heißt Gnade als Schleuderware, ... Gnade ohne Preis, ohne Kosten ..., Gnade ohne Nachfolge, Gnade ohne Kreuz ... ."* Ein Christ solle nicht einfach von Gottes Liebe und Vergebung ausgehen und sich darauf ausruhen, sondern ernsthaft versuchen, Gottes Willen für sich zu erkennen, und danach handeln.

Durch seinen Schwager Hans von Dohnanyi war Bonhoeffer schon früh in Umsturzpläne gegen Hitler eingeweiht. Die Entscheidung, dabei aktiv mitzuwirken, fiel ihm nicht leicht, denn er würde seine Mitmenschen täuschen müssen. Doch angesichts der Judenverfolgung durch das Naziregime hielt Bonhoeffer es für konsequent, den Schritt vom Bekenntnis zum Widerstand zu gehen. Offiziell wurde er, getarnt als Pastor, Mitarbeiter des militärischen Geheimdienstes. Doch seine eigentliche Aufgabe bestand darin, bei Auslandsreisen heimlich über den geplanten Putsch zu informieren und das Ausland von einer Vernichtung Deutschlands abzuhalten. Seine Gedanken über das richtige Tun und Lassen verarbeitete Bonhoeffer in Texten, aus denen 1949 das Buch „Ethik" zusammengestellt wurde. Darin appelliert er an die „Freiheit des Verantwortlichen". Indirekt ist offenbar vom Tyrannenmord an Hitler die Rede, wenn Bonhoeffer schreibt, es gebe die „außerordentliche Situation", in der man gerade dadurch verantwortlich handelt, dass man Gesetze bricht: „So oder so wird der Mensch schuldig und so oder so kann er allein von der göttlichen Gnade und der Vergebung leben."

Am 5. April 1943 wurde Bonhoeffer verhaftet und kam ins Gefängnis Berlin-Tegel. Weil die Verschwörungspläne gegen Hitler noch nicht aufgeflogen waren, entschied er sich, in den Verhören zu lügen. „Wahrheit" bedeutet für Bonhoeffer nicht unbedingt, dass der Inhalt der Worte den Tatsachen entsprechen muss, sondern kann auch heißen, ein Geheimnis zu wahren. Man müsse die konkrete Situation beachten und für das eigene Reden Verantwortung übernehmen: „Jedes Wort soll seinen Ort haben und behalten." Solche und andere theologische und persönliche Gedanken formulierte Bonhoeffer in Briefen aus dem Gefängnis an seine Eltern, seinen Freund Eberhard Bethge und seine Verlobte Maria von Wedemeyer. Veröffentlicht wurden die Briefe später in den Bänden „Widerstand und Ergebung" (1951) und „Brautbriefe Zelle 92" (1992).

Einer seiner letzten Texte aus dem Gefängnis war ein Gedicht, das Bonhoeffer seiner Verlobten zu Weihnachten 1944 schickte und das von seinem starken Gottvertrauen zeugt: „Von guten Mächten wunderbar geborgen, erwarten wir getrost, was kommen mag. Gott ist mit uns am Abend und am Morgen und ganz gewiss an jedem neuen Tag." Als aufrichtiger Mensch und verantwortungsbewusster Christ ging er seinen Weg der Nachfolge bis zum Ende: Am 9. April 1945 wurde Dietrich Bonhoeffer im KZ Flossenbürg gehängt.

Anne Kampf

Was ist Ihrer Meinung nach *ein Problem der Demokratie?*

◯ Dass die Entscheidungen so lange brauchen.

◯ Dass auch dumme Menschen entscheiden dürfen.

◯ Gar nichts. Demokratie ist die einzige Herrschaftsform für mich.

Die Evangelische Kirche in Deutschland ist auf allen Ebenen demokratisch organisiert. Keine einzige Entscheidung wird „von oben nach unten" getroffen und durchgesetzt. Dafür sorgen Wahlen und Parlamente auf allen Ebenen der evangelisch-kirchlichen Struktur. An der Basis dieser Struktur stehen die Kirchengemeinden. Hier wählen die Mitglieder ihre eigene Vertretung, die wiederum Vertretungen in die Synoden entsenden kann. Die Kirchenleitung einer Landeskirche wird ebenso von diesen Synoden gewählt wie die Abgeordneten der EKD-Synode. Die Leitungsgremien sind grundsätzlich mehrheitlich mit Laien besetzt, damit die Entscheidungen in der evangelischen Kirche nicht letztlich von Amtsträgern getroffen werden.

Dieser Aufbau der evangelischen Kirche hat Konsequenzen. Zum Beispiel gibt es niemanden, der sich öffentlich äußern kann und damit die Meinung der evangelischen Kirche vertreten, es sei denn, es gab vorher entsprechende Absprachen. Was „die evangelische Kirche" meint, beschließt und verkündet die Synode. Selbst der Ratsvorsitzende der Evangelischen Kirche in Deutschland vertritt öffentlich lediglich seine eigene

Meinung. Ein Kirchenoberhaupt wie in der römisch-katholischen oder in der orthodoxen Kirche gibt es nicht. Entscheidungen in der evangelischen Kirche brauchen also tatsächlich lang, bis sie getroffen werden können. Das ist der Preis, wenn man möglichst viele Menschen an Entscheidungen beteiligen möchte.

Demokratische Verhältnisse bedeuten auch, dass diejenigen die Entscheidung treffen, die sich engagieren. Wer ein Interesse an der Mitbestimmung hat, kann sich einbringen. Die einzigen Voraussetzungen sind die Kirchenmitgliedschaft und das vollendete 14. Lebensjahr. Wer sich darauf einlässt und sich in einen Kirchenvorstand oder Kirchengemeinderat wählen lässt, wird also feststellen, dass dort die gleichen Menschen sitzen, denen man auch sonst begegnet. *Man trifft dort also auch solche Menschen, mit denen man leicht ins Streiten gerät.* Man trifft dort Menschen, deren Ansichten man für veraltet oder für viel zu revolutionär hält.

Man kann sich zum Spaß ausmalen, was es wohl bedeuten würde, wenn man mit jemandem wie Immanuel Kant zusammen in einem Kirchenvorstand sitzen würde. Vielleicht würde man seine berühmte pedantische Art fürchterlich finden. Vielleicht würde Kant sich im Gegenzug darüber aufregen, wie „töricht" man argumentiert. Johann Hinrich Wichern würde vielleicht kaum etwas anderes als soziale Themen besprechen wollen und man würde über **Dorothee Sölles** ständige politische Auslassungen die Nase rümpfen. Die Sachlichkeit der Diskussion könnte leiden, wenn

Mehr zu
Dorothee
Sölles Politik
ab Seite 176

Clara Schumann ständig gefühlsbetont argumentiert. Elisabeth Schwarzhaupt könnte deswegen eine schnippische Bemerkung machen, weil sie der Meinung ist, das Frauen sich nicht in diese Gefühlsecke drängen lassen sollten. **Hanns Dieter Hüsch** würde nun versuchen, die Situation mit einem Scherz zu entspannen, Martin Luther King würde sich vorzeitig verabschieden, weil er zu einer Versammlung muss. Elisabeth I. haut mit der Hand auf den Tisch und versucht die Diskussion mit Autorität zu beenden, Katharina von Bora lässt sich das nicht gefallen und es wird nun laut. Johann Sebastian Bach bittet um Ordnung und Ruhe. Man hört ihm zu, doch Charlotte Brontë sieht man sofort an, dass sie träumt und im Geiste mit etwas ganz anderem beschäftigt ist. *Der Vorsitzende Richard von Weizsäcker weist darauf hin, dass die Tagesordnung noch nicht ganz abgearbeitet ist, aber Albert Schweitzer will unbedingt rechtzeitig Schluss machen, weil er noch anderswo gebraucht werde.* Darum beschließt man, sich zu vertagen. Dietrich Bonhoeffer gibt seinem unerschütterlichen Optimismus Ausdruck, man sei schließlich in Gottes guter Hand. **Aemilie Juliane von Schwarzburg-Rudolstadt** stimmt zum Abschluss der Sitzung einen Choral an, und man verabschiedet sich.

So anstrengend ist Demokratie, aber bei der nächsten Sitzung kommt man vielleicht besser voran und beschließt eine Maßnahme, die alle gern mittragen und die das Leben in der Gemeinde noch lebendiger macht.

Mehr über
die Fronten,
zwischen
denen Hanns
Dieter Hüsch
stand,
ab Seite 164

Mehr zu
den vielen
Chorälen
von Aemilie
Juliane
ab Seite 96

Elisabeth I.
(1533 – 1603)

Als Elisabeth den Thron von England bestieg,
herrschte Religionskrieg in ihrem Land.
Durch große Toleranz und großes politisches
Geschick konnte sie für Frieden sorgen.

"

Trag oder schlag!
Damit du nicht
geschlagen wirst,
schlag selbst!

"

England, 1558: Die Nation ist bankrott, das Volk erschöpft, ein tiefer religiöser Graben zieht sich quer durch die Gesellschaft. Keine guten Voraussetzungen für die junge Elisabeth, die mit gerade mal 25 Jahren den Thron besteigen soll.

Vor ihr sind schon zwei Königinnen kurz nacheinander gescheitert: Lady Jane Grey war als Spielball politischer Intrigen nur neun Tage auf dem Thron bevor sie geköpft wurde. Ihre Nachfolgerin Maria I., die Halbschwester von Elisabeth, machte ihrem berühmten Beinamen „Bloody Maria" alle Ehre. Sie versuchte, die Religionspolitik ihres Vaters Heinrich VIII. wieder rückgängig und die englische Kirche wieder katholisch zu machen. Dabei ließ sie zahlreiche Protestanten hin-

richten, fünf Jahre lang brannten die Scheiterhaufen höher denn je.

Religiöser Frieden und Wohlstand waren also weit entfernt, als Elisabeth I. den Thron bestieg. Ausgerechnet sie sollte das Ruder herumreißen: eine weitere Frau als Königin und Staatsoberhaupt. Dazu galt sie als unehelich geboren und hatte damit in den Augen der meisten Europäer keinen Anspruch auf den Thron.

Wie war es nur zu dieser verfahrenen Situation gekommen? Viele kennen die Geschichte von Elisabeths berühmten Vater Heinrich VIII. Unsterblich verliebte er sich in Anne Boleyn, Elisabeths Mutter, die ihm das versprach, was seine erste Frau Katharina von Aragón ihm nicht zu geben vermochte: einen männlichen Thronfolger. Heinrich VIII. setzte nun Himmel und Hölle in Bewegung, damit der Papst in Rom seine Ehe mit Katharina annullierte und er Anne Boleyn heiraten konnte. Als ihm das nicht gelang, sagte er die englische Kirche von der römisch-katholischen Kirche los, ließ die Ehe als nun selbst ernanntes Kirchenoberhaupt selbst annullieren und verbannte seine erste Frau Katharina zusammen mit der gemeinsamen Tochter Maria vom Hof. Seinem neuen Familienglück sollte nichts mehr im Weg stehen. Aber Anne Boleyn gebar ihm keinen Sohn, sondern eine weitere Tochter: Elisabeth. Danach hatte sie mehrere Fehlgeburten. Die Folgen: Zuerst verlor Heinrich VIII. die Geduld, dann Anne Boleyn ihren Kopf und schließlich Elisabeth ihren Thronanspruch. Heinrich VIII. hatte nun Geschmack am Eheroulette gefunden. Er heiratete noch vier Mal, dennoch sprang nur ein Thronerbe dabei heraus: Eduard VI., der im Alter von 15 Jahren ohne Nachkommen verstarb. So wurde der Weg frei für eine weibliche Thronherrschaft, die mit Lady Jane und Maria I. nicht gerade vielversprechend begann.

Als Elisabeth I. im Jahr 1558 Königin von England wurde, war sie eine der klügsten Frauen ihrer Zeit: Die 25-Jährige hatte eine umfassende Bildung genossen und sprach sechs Sprachen fließend. Auch die Umstände ihrer ersten Lebensjahre hatten Elisabeth in besonderer Weise geschult: Sie entwickelte einen scharfen Verstand und lernte schon früh, wie wichtig es ist, stets besonnen zu handeln. So war es auch taktisches Kalkül, dass die protestantisch erzogene Elisabeth während der Regentschaft ihrer Halbschwester Maria zum Schein den katholischen Glauben annahm.

Die Krönung von Elisabeth war für viele Protestanten, die während der Regentschaft von Maria I. verfolgt wurden, ein Anlass, wieder in die englische Heimat zurückzukehren. Elisabeth I. bekannte sich nun offen zu ihrem protestantischen Glauben. Viele erwarteten, dass sie sich damit gegen die Katholiken wenden würde, die so viel Unglück über die englischen Protestanten gebracht hatten. Auch erkannten viele Katholiken Elisabeth I. nicht als Thronfolgerin an. Aus Sicht der katholischen Kirche war sie schließlich ein Bastard.

Doch Elisabeth I. überraschte alle, ihre Berater und Regierungsmitglieder wie Untertanen: Die Ansichten

der Königin zu Religionsfragen waren bemerkenswert tolerant, vor allen Dingen für die damalige Zeit. Elisabeth I. war ihrem protestantischen Glauben verbunden, aber sie war auch davon überzeugt, dass Protestanten und Katholiken einem Glauben angehörten: *„Es gibt nur einen Jesus Christus, einen Glauben. Der ganze Rest ist nur Streit um Kleinigkeiten"*, sagte sie einmal.

Für einen einzigen Augenblick Zeit, der mir gehört, gäbe ich all meine Reichtümer.

Die protestantische Elisabeth war also in Glaubensfragen sehr viel weitherziger als ihre katholische Halbschwester Maria. „Ich werde keine Fenster in die Seelen der Menschen öffnen", brachte Elisabeth I. ihre Einstellung zum Glauben auf den Punkt. Gemeint ist: So lange ihre Untertanen gesetzestreu und ihr gegenüber loyal waren, durften sie ihren Glauben im Privaten praktizieren. Diese Toleranz wurde jedoch immer wieder auf die Probe gestellt: Zum einen von überzeugten Katholiken, die den Weg von Maria I. fortsetzen wollten, zum anderen von Puritanern, die die englische Kirche radikal reformieren und jeglichen katholischen Glauben verbannen wollten.

Im Jahr 1559 kam es zur englischen Religionsregelung: Die sogenannte Suprematsakte machte Elisabeth I. faktisch zum Kirchenoberhaupt in England und unterstrich damit die Unabhängigkeit der Church of England von Rom. Ein geschickter Schachzug dabei war der offizielle Titel von Elisabeth I. als „Oberster Gouverneurin der Kirche von England". Für die Katholiken, für die die Bezeichnung „Kirchenoberhaupt" dem Papst vorbehalten war, wurde es so leichter, Elisabeths kirchlichen Führungsanspruch anzuerkennen. Die Uniformitätsakte führte zusätzlich eine einheitliche protestantische Lehre ein. Es wurde eine allgemein verbindliche Form des Gottesdienstes festgelegt, die nach Elisabeths ausdrücklichem Wunsch Protestanten und Katholiken ansprechen sollte. Die Wortwahl für das Abendmahl wurde zum Beispiel so vage gehalten, dass Protestanten wie Katholiken daran teilnehmen konnten. Das Allgemeine Gebetbuch („Book of Common Prayer") wurde zudem wieder verbindlich eingeführt. Es war erstmals im Jahr 1549 unter Edward VI. im Zuge der Protestantisierung Englands veröffentlicht worden. Das Gebetbuch enthielt die Ordnungen für Morgen- und Abendgebet, Taufe, Abendmahl, Konfirmation und Trauung sowie Texte zum kirchlichen Dienst an Frauen, für Krankenbesuch, Bestattung und Ordination. Elisabeth nahm ihre Rolle als Kirchenoberhaupt der Anglikanischen Kirche ernst: Sie entwarf etwa Richtlinien für Kirchenbesuche und wirkte bei der Besetzung von geistlichen Ämtern aktiv mit.

Elisabeths Toleranz gegenüber dem katholischen Glauben hat manche Historiker an der Festigkeit ihres eigenen Glaubens zweifeln lassen. Es gibt sogar einige, die meinen, sie wäre im Grunde genommen Atheistin gewesen. Dabei war Elisabeths Vorgehen vor allen Dingen politisch motiviert: Sie wollte erreichen, dass Katholiken die protestantische Kirche in England leichter akzeptieren und sich ihr dann auch anschließen würden. Der Katholizismus sollte ganz natürlich aussterben, so war ihr Gedanke. Sie war damit durchaus erfolgreich: Im Jahr 1603 war die Mehrheit der Engländer protestantisch, die Katholiken waren zu einer Minderheit geworden. Mit Fingerspitzengefühl und diplomatischem Geschick gelang es also Elisabeth I., die englische Kirche als eine von Rom unabhängige, protestantische Kirche zu etablieren und gleichzeitig vor radikalen Einflüssen zu schützen.

Elisabeth I. heiratete nie. Sie wollte unabhängig bleiben und sich keinem Ehemann unterwerfen, was angesichts ihrer Erfahrungen mit ihrem Vater mehr als verständlich ist: „Ich wäre lieber eine Bettlerin und allein, als eine Königin und verheiratet ... Der Ehering wäre für mich ein Joch", sagte sie einmal. Ihr Land wollte sie außerdem vor fremden Einflüssen schützen. Dabei wusste sie ihren Status als unverheiratete Regentin für außenpolitische Zwecke gut zu nutzen, indem sie jahrzehntelang den unterschiedlichsten Heiratskandidaten aus europäischen Königshäusern glaubhaft eine Vermählung in Aussicht stellte. So entstand nach und nach die Legende der „jungfräulichen Königin", die einzig und allein mit ihrem Volk vermählt war. Elisabeths Krönungsring wurde zum Ehering und wie eine treue Gattin legte sie diesen bis zum Tod nicht ab.

Elisabeth verstand sich als Vertreterin des „schwachen Geschlechts", sie war zugleich eine Meisterin der Rhetorik und wusste sich Zeit ihres Lebens zu behaupten. Ihre berühmteste Rede ist sicher die zur Ermutigung der englischen Truppen in Tilbury, die dort die Invasion der Spanischen Armada abwehren sollten: „Ich weiß, ich habe nur den Körper eines schwachen Weibes; aber ich habe das Herz und den Mut eines Königs, noch dazu eines Königs von England." Ihre Worte lösten begeisterten Jubel bei den Soldaten aus: Die Spanische Armada wurde besiegt und Elisabeth kehrte in einem Triumphzug nach London zurück.

Elisabeth I. starb 1603 nach 45 Jahren Regentschaft. Sie wurde neben ihrer Halbschwester Maria I. in der Westminster Abbey begraben. Die Inschrift auf dem Grabstein lautet: „Partner beide in Thron und Grab, hier ruhen wir Schwestern, Elisabeth und Maria, in der Hoffnung auf Auferstehung." Elisabeth I. war ohne Zweifel eine der mächtigsten Frauen der Geschichte. Sie gründete ihre Herrschaft nicht auf Terror und Willkür, sondern auf politisches Geschick und Toleranz.

Franziska Fink

Frage 22

Mit wem kann man *nicht vernünftig reden?*

○ Mit Neonazis.

○ Mit Hedgefonds-Managern.

○ Man kann mit jedem vernünftig reden.

In der Bibel heißt es, dass Jesus sich mit Leuten ab-
gegeben hat, mit denen kein vermeintlich normaler
Mensch etwas zu tun haben wollte. Vor allem die sogenannten Zöllner, die Jesus zu seinen Jüngern machte
oder bei denen er sich gerne selbst zum Essen einlud,
sind berühmt geworden. Wer heute von den Zöllnern
in der Bibel liest, wird am ehesten Mitleid mit ihnen
haben, weil sie niemand so richtig leiden konnte (vgl.
Lukas 19,1–10). Aber das hatte handfeste Gründe: Die
Zöllner zur Zeit Jesu waren ausgesprochen unangeneh-
me Zeitgenossen. Ihre Gier und ihre Skrupellosigkeit
waren berüchtigt. Sie zeigten kein Erbarmen, wenn es
darum ging, Profit zu machen. *Sie sind durchaus mit
Hedgefonds-Managern zu vergleichen, die mit dem
Geld anderer Leute nur allzu sorglos umgehen.* Jesus
saß also gern mit Leuten zusammen, die man heute als
„Heuschrecken" beschimpft, weil man sie als Plage emp-
findet.

Christinnen und Christen, die sich an Jesus ein Beispiel nehmen möchten, sollten also eigentlich kein Problem damit haben, sich auch mit solchen Menschen
zusammenzusetzen. Doch ist das tatsächlich der rich-

tige Weg? Oder sollte man nicht vielmehr den Dialog mit einigen Menschen verweigern? Wie ist das, wenn das Gegenüber deutlich macht, dass es in keiner Weise tolerant oder lernfähig ist? Soll man sich mit Neonazis auseinandersetzen, sich mit ihnen unterhalten, nur um sich beleidigen zu lassen? *Es ist eine der wichtigsten christlichen Aussagen, dass jeder Mensch nicht nur eine zweite Chance verdient hat, sondern auch eine dritte oder vierte, – und sie ist von der evangelischen Kirche wiederentdeckt und besonders betont worden.* Kein Mensch kann ganz ohne Sünde sein, weil es zum Menschsein dazugehört, sich immer wieder falsch zu verhalten. Gott gibt jedem Menschen immer die Chance, von vorn anzufangen. Deshalb ist es die Pflicht aller Christinnen und Christen, die Türen ebenfalls offen zu halten und andere aufzunehmen, wann immer sie zurückkehren wollen.

Als Jesus zum ersten Mal seine Jünger allein losschickt, um seine Botschaft zu verkündigen, macht er ihnen klar, dass sie es überall versuchen sollen. Er sagt aber auch deutlich, dass sie es nicht bis zur Erschöpfung treiben müssen. „Wo man euch nicht aufnimmt und nicht hört, da geht hinaus und schüttelt den Staub von euren Füßen" (Markus 6,11), sagt Jesus zu seinen Jüngern. Mit anderen Worten: „Sprecht mit allen, aber macht auch Schluss, wenn es nicht geht." *Jesus sagt nicht: „Versucht es gar nicht erst."* Darum hätte er vermutlich über keinen Menschen von vornherein gesagt, mit dem könne man nicht vernünftig reden.

Dorothee Sölle hatte eine tiefe Abneigung gegen Rüstungsproduzenten und sagte das auch laut, aber einem Gespräch hat sie sich grundsätzlich nie verweigert. **Johann Hinrich Wichern** kritisierte oft die Geldgier der Kaufleute seiner Stadt, aber er hatte kein Problem damit, sich von ihnen das Rauhe Haus finanzieren zu lassen. Elisabeth Schwarzhaupt hat sich als Abgeordnete und Bundesministerin nicht zuletzt dadurch hervorgetan, dass sie es schaffte, über Parteigrenzen hinweg zu agieren. 1954 ging es im Bundestag darum, ob man bei der Überarbeitung des Bürgerlichen Gesetzbuches den sogenannten „Gehorsamsparagraphen" von 1900 beibehalten sollte. Ihm zufolge hatte sich die Ehefrau in Eheangelegenheiten den Entscheidungen des Ehemannes zu unterwerfen. Die CDU-Fraktion wollte, dass das so bleibt. **Elisabeth Schwarzhaupt** sprach sich deutlich dagegen aus. Mit Gleichgesinnten der SPD-Fraktion überstimmte sie den Vorschlag der Regierung. Anschließend wurde gewettert, Elisabeth Schwarzhaupt habe mit den falschen Leuten geredet und verhandelt – doch für die Gleichberechtigung von Frauen und Männern in Deutschland war die Änderung des „Gehorsamsparagraphen" ein sehr wichtiger Schritt.

Die Aufforderung Jesu, es bei jedem Menschen zu versuchen, ist und bleibt ausgesprochen anspruchsvoll. Allerdings gilt ja auch für jede und jeden selbst, dass es eine dritte und vierte Chance gibt, wenn man etwas nicht schafft.

Mehr zu
Johann Hinrich
Wicherns
Gesprächs-
bereitschaft
ab Seite 84

Mehr zur
Verhandlungs-
taktik von
Elisabeth
Schwarzhaupt
ab Seite 138

Nachweis

der längeren Zitate

Seite 49 aus:

Martin Luther King, Nobelpreisrede am 11. 12. 1964 in Oslo,

zitiert und übersetzt nach dem Originalmanuskript, Seite 24,

thinkingcenter.org.

Seite 51 aus:

Martin Luther King, Dankesrede (Accepttance Speach)

für den Friedensnobelpreis am 10. 12. 1964 in Oslo,

zitiert und übersetzt nach Manuskript in „Les Prix Nobel en 1964",

Editor Göran Liljestrand (Nobel Foundation), Stockholm 1965.

Seite 98 zitiert nach:

Susanne Schuster: Aemilie Juliane von Schwarzburg-Rudolstadt

und Ahasver Fritsch: Eine Untersuchung zur Jesusfrömmigkeit im

späten 17. Jahrhundert, Leipzig 2006.

Seite 166 aus:

Hanns Dieter Hüsch, Das Schwere leicht gesagt,

Freiburg 2007, Seite 28.

Seite 167 zitiert nach:

Hanns Dieter Hüsch, Auch der liebe Gott braucht einen Schutzengel, „Der Tagesspiegel" vom 15. 1. 2001.

Seite 170 Transskript von:

„Der Heiligenschein", CD von Hanns Dieter Hüsch, Wir sehen uns wieder, CD 2, Track 8, EMI 2000, intercord tonträger gmbH.

Seite 179 aus:

„Die Zeit", Nr. 34 vom 19. 8. 1983.

Seite 181 aus:

Dorothee Sölle, Gegenwind, München 1999, Seite 228.

Fotonachweise
Illustrationen/Porträts: Ingo Römling
Icons: Getty Images/iStockphoto

Bibliografische Information der Deutschen Nationalbibliothek:
Die Deutsche Nationalbibliothek verzeichnet diese Publikation
in der Deutschen Nationalbibliografie; detaillierte bibliografische
Daten sind im Internet über http://dnb.d-nb.de abrufbar.

Umschlaggestaltung Theresa Duck
Gestaltung und Satz Anja Haß
Lektorat Dr. Andrea Wicke
Umschlagillustration Ingo Römling
Druck und Bindung BELTZ Bad Langensalza GmbH

ISBN 978-3-96038-009-2
ww.eva-leipzig.de